제1장 유언

  유증(testamentun ; will ; Testamen ; testament)이란 유
증자의 사망과 동시에 일정한 효과를 발생시키는 것을 목적으
로 하는 상대방이 없는 단독행위를 말한다. 사유재산제도에 입
각한 재산처분의 자유의 한 형태로서 사람이 생전뿐 아니라
유언에 의하여 사후의 법률관계(주로 재산관계)까지 지배하는
것을 인정한 것이다. 그러나 법률은 유언으로 할 수 있는 사항
을 다음과 같이 한정하고 있다.
  (1) 상속에 관한 사항 : ① 상속재산분할방법의 지정 또는
위탁(제1012조 전단), ② 상속재산분할금지(제1012조 후단).

◙ 상속재산의 분할방법

【질의】➡ 저의 아버지는 얼마 전 사망하셨는데, 상속재산으로 약
간의 부동산과 주식 그리고 은행예금이 있습니다. 상속인으로는
어머니를 비롯하여 남동생과 여동생 등 총 6명입니다. 이 경우
상속재산의 분할은 어떻게 하는지요?

【답변】➡ 배우자 1.5에 자녀 1의 비율로 균등분할 하면 됩
니다.
  재산상속은 피상속인의 사망으로 개시되며, 재산상속
인이 수인인 때에는 상속재산은 그 공동상속인의 공유

로 됩니다(민법 제997조 및 제1006조). 상속재산의 분할이라 함은 상속개시로 인하여 생긴 공동상속인간에 상속재산의 공유관계를 종료시키고 각 상속인에게 그의 상속분을 확정·배분시키는 일종의 청산행위입니다.

상속재산을 분할하는 방법에는 세 가지가 있습니다.

첫째, 유언에 의한 분할입니다. 피상속인은 유언으로 상속재산의 분할방법을 정하거나 이를 정할 것을 제3자에게 위탁할 수 있고, 상속개시의 날로부터 5년을 초과하지 아니하는 기간내의 그 분할을 금지할 수 있습니다(민법 제1012조).

둘째, 협의에 의한 분할입니다. 공동상속인은 유언에 의한 분할방법의 지정이나 분할금지가 없으면, 언제든지 그 협의에 의하여 상속재산을 분할할 수 있습니다(민법 제1013조 제1항). 협의는 공동상속인 전원의 동의가 있어야 하며(대법원 2001. 6. 29. 선고 2001다28299 판결), 그 분할되는 몫은 반드시 각자의 법정상속분에 따르지 않아도 됩니다.

그러나 상속인 중에 미성년자와 그 친권자가 있는 경우에는 친권자가 그 미성년자의 주소지를 관할하는 가정법원에 특별대리인선임신청을 하여 그 선임된 특별대리인과 분할의 협의를 하여야 합니다(민법 제921조).

셋째, 법원에 의한 분할입니다. 공동상속인 사이에서 상속재산분할의 협의가 성립되지 아니한 때에는 각 공동상속인은 가정법원에 분할을 청구할 수 있습니다(민법 제1013조 제2항). 여기에서 '협의가 성립되지 아니한 때'에는 분할방법에 관해서 뿐만 아니라 분할여부에 관하여 의견이 일치하지 않는 경우도 포함됩니다. 이런 경우에는 각 공동상속인은 먼저 가정법원에 조정을 신청하여야 하며(가사소송법 제2조 제1항 마류사건 제10호), 조정이 성립되지 않으면 심판을 청구할 수 있는데, 심판에 의한 분할방법은 현물분할을 원칙으로 하며, 가정법원은 현물로 분할할 수 없거나 분할로 인하여 현저히 그 가액이 감소될 염려가 있는 때에는 물건의 경매를 명하기도 합니다.이상에서 살펴본 바와 같이 귀하의 경우에 상속재산의 분할에 관하여 부친이 특별히 유언을 남기지 않고 돌아가셨다면 우선 가족(공동상속인)간의 원만한 협의에 의하여 해결하도록 하고, 협의가 성립되지 아니하는 때에는 나머지 공동상속인을 상대로 그들의 보통재판적 소재지(상대방의 주거지를 말함)나 부동산 소재지에 있는 법원에 조정신청을 할 수 있으며, 조정에 관하여 조정을 하지 아니하기로 하는 결정이 있거나, 조정이 성립되지 아니한 경우에는 제소신청에 의한 방법으로 상속재산을 분할할 수 있습니다. [법률구조공단자료. 참고만 하세요]

◘ 상속재산의 분할을 협의할 수 없는 경우

【답변】 ➡ 공동상속인 전원이 상속재산에 대한 분할 협의를 할 수 없는 경우 각 상속인은 다른 공동상속인에 대하여 가정법원에 상속재산분할심판을 청구할 수 있습니다. 다만, 공동상속인 중 상속의 포기나 승인을 고려 중인 자가 있거나, 사망한 사람이 유언으로 일정기간 상속재산분할을 금지한 때에는 특별한 사정변경이 없는 한 상속재산분할심판을 청구할 수 없습니다(민법 제1013조, 제1019조).

분할의 대상이 되는 상속재산에는 사망한 자의 재산은 물론 채무도 포함되며, 임차인이나 매도인으로서의 지위 등과 같은 계약상 또는 법률상의 지위도 포함됩니다. 다만, 피상속인의 일신전속적(一身專屬的)인 권리의무는 분할의 대상이 되지 않습니다.

[법률구조공단자료. 참고만 하세요]

◘ 상속재산분할협의 불성립시 상속재산분할 방법

【질의】 ➡ 저의 부친은 유산으로 몇 필지의 토지를 남기고 얼마 전 사망하셨습니다. 상속인으로는 저와 모친, 남동생 1명, 출가한 누이 3명으로 모두 6명이 있는데, 모친과 남동생은 제가 부모를 모시고 있었다는 이유로 자기들의 상속지분을 저에게 양보하겠다고 하지만, 누이 3명은 자기들의 법정상속지분보다도 더 요구하고 있어서 분할협의를 못하고 있습니다. 이 경우 모친과 남동생, 저의 법정상속지분만이라도 상속등기를 할 수 없는지요?

【답변】 ➡ 할 수 없습니다.

　　상속재산의 분할은 상속개시로 인하여 생긴 공동상속인간에 있어서 상속재산의 공유관계를 종료시키고 상속분에 응하여 그 배분·귀속을 목적으로 하는 일종의 청산행위를 말하며, 각 공동상속인은 언제든지 협의로 상속재산을 분할할 수 있습니다. 재산상속의 협의분할은 공동상속인 전원이 참가하지 않으면 안되므로, 상속인의 일부를 제외하고 협의분할을 하거나 무자격자인 상속인이 참가한 협의분할은 원칙상 무효입니다.

　　이에 관한 대법원 판례를 보면 ″상속재산의 협의분할은 공동상속인간의 일종의 계약으로서 공동상속인 전원이 참여하여야 하고 일부 상속인만으로 한 협의분할은 무효이다.″라고 하였습니다(대법원 1995. 4. 7. 선고 93다54736 판결).

　　또한, 법원의 등기실무에서도 재산상속으로 인한 소유권이전등기신청시 상속을 증명하는 서면의 일부로서 공동상속인 연명으로 작성한 상속재산분할협의서를 첨부서류로 요구하고 있습니다.

　　따라서 귀하의 경우에도 모친과 동생의 지분을 장남이 상속받으려면 나머지 상속인 전원이 함께 모여 이에 동의하는 협의분할서를 작성하지 못한다면 그 지분만의 등기를 할 수는 없고, 만약 귀하의 모친과 남동생 그리고 귀하의 법정상속지분만에 관하여 상속으로 인한 소유권이전등기신청을 한다면 이는 사건이 등기할 것이 아닌때에 해당하므로 위 신청은 부동산등기법 제55조 제2호에 의하여 각하되게 됩니다(1984. 7. 24 등기선례 1-227, 307).

판례도 등기공무원의 결정에 대한 이의의 제기에서 "공동상속인 중 일부 상속인의 상속등기만은 경료할 수 없다."라고 결정한 바 있습니다(대법원 1995. 2. 22. 자 94마2116 결정).

그러므로 공동상속인간의 협의가 이루어지지 않을 때에는 공동상속인 중 1인이 법정상속지분으로 공동상속등기를 신청할 수 있으며, 이 경우 신청서에는 상속인 전원의 법정상속분이 표시되어야 합니다. 이와 같이 법정상속분의 상속등기를 필한 후 모친과 동생의 소정 법정지분을 귀하에게 이전하는 절차를 밟아야 할 것입니다. 다만, 이 경우 이전 등에 따른 양도소득세 혹은 증여세 등이 부과될 수도 있습니다. [법률구조공단자료. 참고만 하세요]

[판례] 상속재산의 양도에 따른 양도소득세를 부과하면서 과세관청이 자산의 상속 당시 시가를 평가하기 어렵다는 이유로 자산의 취득가액을 개별공시지가로 평가하여 과세처분을 했는데, 과세처분 취소소송의 사실심 변론종결시까지 자산의 상속 당시 시가가 입증된 경우 과세처분의 세액이 정당한 세액을 초과하는지 여부를 판단하는 기준가격 및 감정가격도 '시가'로 볼 수 있는지 여부(적극)

상속재산의 양도에 따른 양도소득세를 부과할 때 과세
관청이 비록 자산의 상속 당시 시가를 평가하기 어렵
다는 이유로 자산의 취득가액을 개별공시지가로 평가
하여 과세처분을 하였다고 하더라도, 그 과세처분 취
소소송의 사실심 변론종결 시까지 자산의 상속 당시
시가가 입증된 때에는, 그 시가를 기준으로 정당한 양
도차익과 세액을 산출한 다음 과세처분의 세액이 정당
한 세액을 초과하는지 여부를 판단하여야 한다. 여기
서 '시가'란 원칙적으로 정상적인 거래에 의하여 형성
된 객관적 교환가격을 의미하지만 이는 객관적이고 합
리적인 방법으로 평가한 가액도 포함하는 개념이므로
거래를 통한 교환가격이 없는 경우에는 공신력 있는
감정기관의 감정가격도 '시가'로 볼 수 있고, 그 가액
이 소급감정에 의한 것이라 하여도 달라지지 않는다.

(대법원 2010.9.30. 선고 2010두8751 판결)

【서식】 공유물분할청구의 소(상속된 공유토지분할)

소   장

원   고 1. 정○○ (주민등록번호)
          ○○시 ○○구 ○○동 ○○ (우편번호 ○○○ - ○○○)
            전화·휴대폰번호:
          팩스번호, 전자우편(e-mail)주소:
       2. 정○○ (주민등록번호)
          ○○시 ○○구 ○○동 ○○ (우편번호 ○○○ - ○○○)
          전화·휴대폰번호:
          팩스번호, 전자우편(e-mail)주소:
       3. 정○○ (주민등록번호)
          ○○시 ○○구 ○○동 ○○ (우편번호 ○○○ - ○○○)
          전화·휴대폰번호:
          팩스번호, 전자우편(e-mail)주소:
       4. 정○○ (주민등록번호)
          ○○시 ○○구 ○○동 ○○ (우편번호 ○○○ - ○○○)
          전화·휴대폰번호:
          팩스번호, 전자우편(e-mail)주소:

피   고 1. 정◇◇ (주민등록번호)
          ○○시 ○○구 ○○동 ○○ (우편번호 ○○○ - ○○○)
          전화·휴대폰번호:
          팩스번호, 전자우편(e-mail)주소:
       2. 정◇◇ (주민등록번호)
          ○○시 ○○구 ○○동 ○○ (우편번호 ○○○ - ○○○)
          전화·휴대폰번호:
          팩스번호, 전자우편(e-mail)주소:
       3. 정◇◇ (주민등록번호)
          ○○시 ○○구 ○○동 ○○ (우편번호 ○○○ - ○○○)
          전화·휴대폰번호:
          팩스번호, 전자우편(e-mail)주소:

　　4. 정◇◇ (주민등록번호)

　　　　○○시 ○○구 ○○동 ○○ (우편번호 ○○○ - ○○○)

　　　　전화·휴대폰번호:

　　　　팩스번호, 전자우편(e-mail)주소:

　　5. 정◇◇ (주민등록번호)

　　　　○○시 ○○구 ○○동 ○○ (우편번호 ○○○ - ○○○)

　　　　전화·휴대폰번호:

　　　　팩스번호, 전자우편(e-mail)주소:

공유물분할청구의 소

청 구 취 지

1. 별지목록 기재 부동산에 관하여 별지도면 표시 "4,5,6,7,4"의 각 점을 차례로 연결한 선내의 (가)부분 719.9㎡를 원고 정○○, 같은 정○○, 같은 정○○, 같은 정○○의 공유로, 같은 도면 표시 "1,2,3,4,7,8,9,1"의 각 점을 차례로 연결한 선내의 (나)부분 867.1㎡를 피고들의 공유로 분할한다. 만약 현물분할이 불가능할 때에는 위 부동산을 경매에 붙여 그 대금 중에서 경매비용을 공제한 금액 중 각 615분의 72를 원고 정○○, 원고 정○○, 원고 정○○에게, 615분의 63을 원고 정○○에게, 615분의 102를 피고 정◇◇에게, 각 615분의 72를 피고 정◇◇, 피고 정◇◇, 피고 정◇◇에게, 615분의 18을 피고 정◇◇에게 각 배당한다.
2. 소송비용은 피고들의 부담으로 한다.
라는 판결을 구합니다.

청 구 원 인

1. 원·피고들 사이의 관계
　원고 정○○(19○○. 1. 21.생)은 소외 망 정□□(20○○. 10. 5.사망)과 어머니인 같은 망 민□□(20○○. 6. 29.사망) 사이에서 태어난 5남 4녀 중 4남, 원고 정○○(19○○. 3. 10.생)는 5남, 원고 정○○(19○○. 1. 16.생)는 3녀이며, 같은 정○○(19○○. 11. 28.생)는 차남, 피고 정◇◇(19○○. 5. 4.생)는 장남, 같은 정◇◇(19○○. 10. 1.생)는 3남, 같은 정◇◇(19○○. 4. 4.생)는 장녀, 같은 정◇◇(19○○. 2. 7.생)는 차녀, 같은 정◇◇(19○○. 12. 1.생)은 4녀입니다.

2. 분할대상 부동산인 별지 부동산목록 기재 부동산은 원래 원·피고들의 아버지인 위 정□□의 소유였는데 위 정□□이 20○○. 10. 5. 사망함으로써 원·피고들과 위 민□□은 망 정□□의 소유인 위 부동산을 법정상속분에 따라서 공동상속하였습니다. 그 후 위 민□□도 20○○. 6. 29. 사망함으로써 원·피고들은 망 민□□의 소유지분에 관하여 각 공유지분의 법정상속분에 따라서 공동 상속을 하였습니다.

3. 일부 피고들의 불법행위

원고와 피고들이 별지 부동산목록 기재 각 부동산들을 위 정□□, 민□□로부터 상속받기 이전은 물론 현재까지도 위 부동산들의 대부분은 공장부지로서 매년 위 대지상의 건물소유자인 소외 김□□로부터 임대료를 받고 있어 막대한 임대 수익이 발생함에도 불구하고, 피고들 가운데 피고 정◇◇, 같은 정◇◇, 같은 정◇◇ 등은 위 민□□이 사망한 20○○. 7. 6. 무렵 이후부터 현재까지 위 각 부동산들이 마치 자신들만의 소유인 양 행세하면서 위 부동산 임대수입을 매년 독차지하고 있습니다. 원고들은 그 동안 무수히 위 피고 3형제들에게 위 부동산의 임대수입을 법정상속분대로 분배할 것을 요구하여 왔으나 번번이 묵살해 버리고 있습니다.

4. 결 론

원고들은 위에서 본바와 같은 피고 3형제들의 장기간에 걸친 불법행위를 더 이상 좌시할 수만은 없어, 별지 부동산목록 기재 각 부동산들에 대하여 위치, 형태, 면적 등 입지조건을 감안하여 모든 공유자간에 이해관계의 형평을 이루도록 하는 범위 내에서 원고들의 각 공유지분을 합산한 것에 상응하는 부분, 특히 별지 부동산목록 기재 부동산에 관하여 별지도면 표시 "4,5,6,7,4"의 각 점을 차례로 연결한 선내의 (가)부분 719.9㎡{1,587×(72/615 :정○○지분＋72/615 :정○○지분 ＋72/615 :정○○지분+63/615 :정○○지분)}를 원고 정○○, 같은 정○○, 같은 정○○, 같은 정○○의 공유로, 같은 도면 표시 "1,2,3,4,7,8,9,1"의 각점을 순차로 연결한 선내의 (나)부분 867.1㎡(1,587×336/615)를 피고들의 공유로 각 분할하며, 만약 현물분할이 불가능할 때에는 위 각 부동산을 경매에 붙여 별지 부동산목록 기재 각 부동산에 관하여는 그 대금 중에서 경매 비용을 공제한 금액 중 원고 정○○, 원고 정○○, 원고 정○○에게 각 615분의 72를, 원고 정○○에게 615분의 63을, 피고 정◇◇에게 615분의 102를, 피고 정◇◇, 피고 정◇◇, 피고 정◇◇에게 각 615분의 72를, 피고 정◇◇에게 615분의 18을 각 대금으로 분할 청구하고자 이 사건 소를 제기하기에 이른 것입니다

입 증 방 법

1. 갑 제1호증의 1 내지 3   피상속인(망인)의   폐쇄가족
관계등록부에 따른 기본증명서
(단, 피상속인이 2008.1.1 이전에 사망한 경우에는 제적등본)
1. 갑 제2호증의 1 내지 10   각 가족관계증명서
1. 갑 제3호증의 1 내지 9   각 주민등록표등본
1. 갑 제4호증의 1 내지 13   각 부동산등기부등본
1. 갑 제5호증의 1 내지 13   각 토지대장등본
1. 갑 제6호증   지적도등본
1. 갑 제7호증   현황측량도

첨 부 서 류

1. 위 입증방법   각 1통
1. 소장부본   5통
1. 송달료납부서   1통

20○○. ○. ○.

위 원고 1. 정○○ (서명 또는 날인)
2. 정○○ (서명 또는 날인)
3. 정○○ (서명 또는 날인)
4. 정○○ (서명 또는 날인)

○○지방법원 귀중

주.:공유물분할의 소(訴)에 있어서 법원은 공유관계나 그 객체인 물건의 제반상황을 종합적으로 고려하여 합리적인 방법으로 지분비율에 따른 분할을 명하여야 하는 것이고, 여기에서 지분비율이란 원칙적으로 지분에 따른 가액(교환가치)의 비율을 말하는 것이므로, 법원은 분할대상 목적물의 형상이나 위치, 이용상황이나 경제적 가치가 균등하지 아니할 때에는 원칙적으로 경제적 가치가 지분비율에 상응하도록 조정하여 분할을 명하여야 하는 것이며, 또한 재판에 의한 공유

물분할은 현물분할의 방법에 의함이 원칙이나, 현물분할이 불가능하거나 그것이 형식상 가능하다고 하더라도 그로 인하여 현저히 가격이 감손될 염려가 있을 때에는 공유물의 경매를 명하여 대금을 분할하는, 이른바 대금분할의 방법에 의하여야 하고, 여기서 '현물분할로 인하여 현저히 가격이 감손된다.'라고 함은 공유물전체의 교환가치가 현물분할로 인하여 현저하게 감손될 경우뿐만 아니라 공유자들 중 한 사람이라도 현물분할에 의하여 단독으로 소유하게 될 부분의 가액이 공유물분할 전의 소유지분 가액보다 현저하게 감손될 경우도 포함됨(대법원 1999. 6. 11. 선고 99다6746 판결).

·공유물분할청구는 공유자의 일방이 그 공유지분권에 터 잡아서 하는 것이므로, 공유지분권을 주장하지 아니하고 목적물의 특정부분을 소유한다고 주장하는 자는 그 부분에 대하여 신탁적으로 지분등기를 가지고 있는 자를 상대로 하여 그 특정 부분에 대한 명의신탁해지를 원인으로 한 지분이전등기절차의 이행을 구하면 되고, 이에 갈음하여 공유물분할청구를 할 수는 없음(대법원 1996. 2. 23. 선고 95다8430 판결).

◈ 공동상속재산의 분할협의가 채권자취소권의 대상이 되는지

【질의】➡ 甲은 乙에 대한 5,000만원의 대여금채권을 변제기가 지난 후에도 乙의 집행가능 한 재산이 전혀 없어 변제 받지 못하고 있었습니다. 그런데 최근 乙의 아버지가 사망하여 그 유산이 있는데, 乙은 상속재산분할협의시 乙의 상속지분을 포기하여 공동상속인 丙에게로 위 유산이 모두 상속되었습니다. 이 경우 甲이 乙의 상속포기행위를 사해행위로서 취소할 수 있는지요?

【답변】➡ 취소할 수 있습니다.

사해행위취소와 관련된 규정을 보면, 민법 제406조 제1항은 "채무자가 채권자를 해함을 알고 재산권을 목적으로 한 법률행위를 한 때에는 채권자는 그 취소 및 원상회복을 법원에 청구할 수 있다. 그러나 그 행위로 인하여 이익을 받은 자나 전득(轉得)한 자가 그 행위 또는 전득 당시에 채권자를 해함을 알지 못한 경우에는 그러하지 아니하다."라고 규정하고 있습니다.

그런데 상속재산의 분할협의가 사해행위취소권행사의 대상이 되는지에 관하여 판례를 보면, "상속재산의 분할협의는 상속이 개시되어 공동상속인 사이에 잠정적 공유가 된 상속재산에 대하여 그 전부 또는 일부를 각 상속인의 단독소유로 하거나 새로운 공유관계로 이행시킴으로써 상속재산의 귀속을 확정시키는 것으로 그 성질상 재산권을 목적으로 하는 법률행위이므로 사해행위취소권행사의 대상이 될 수 있다."라고 하면서 "공동상속인의 상속분은 그 유류분을 침해하지 않는 한 피상속인이 유언으로 지정한 때에는 그에 의하고 그러한 유언이 없을 때에는 법정상속분에 의하나, 피상속인으로부터 재산의 증여 또는 유증을 받은 자는 그 수증재산이 자기의 상속분에 부족한 한도 내에서만 상속분이 있고(민법 제1008조), 피상속인의 재산의 유지 또는 증가에 특별히 기여하거나 피상속인을 특별히 부양한 공동상속인은 상속 개시 당시의 피상속인의 재산가액에서 그 기여분을 공제한 액을 상속재산으로 보고 지정상속분 또는 법정상속분에 기여분을 가산한 액으로써 그 자의 상속분으로 하므로(민법 제1008조의2 제1항), 지정상속분이나 법정상속분이 곧 공동상속인의 상속분이 되는 것이 아니고 특별수익이나 기여분이 있는 한 그에 의하여 수정된 것이 재산분할의 기준이 되는 구체적 상속분이라 할 수 있다. 따라서 이미 채무초과 상태에 있는 채무자가 상속재산의 분할협의를 하면서 상속재산에 관한 권리를 포기함으로써 결과적으로 일반 채권자에 대한 공동담보가 감소되었다 하더라도, 그 재산분할결과가 위 구체적 상속분에 상당하는 정도에 미달하는 과소한 것이라고 인정되지 않는 한 사해행위로서 취소되어야 할 것은 아니고, 구체적 상속분에 상당하는 정도에 미달하는 과소한 경우에도 사해행위로서 취소되는 범위는 그 미달하는 부분에 한정하여야 한다. 이때 지정상속분이나 기여분, 특별수익 등의 존부 등 구체적 상속분이 법정상속분과 다르다는 사정은 채무자가 주장·입증하여야 할 것이다."라고 하였습니다(대법원 2001. 2. 9. 선고 2000다51797 판결).

따라서 위 사안에서도 乙이 상속재산분할협의시 그의 상속지분을 포기함으로써 그 재산분할의 결과가 그의 구체적 상속분에 미달되는 경우에는 그 미달되는 부분에 한하여 사해행위로서 취소될 수 있을 것입니다. [법률구조공단자료. 참고만 하세요]

[판례] 1. 상속재산의 분할협의가 사해행위취소권 행사의 대상이 되는지 여부(적극) 및 채무초과 상태에 있는 채무자가 상속재산의 분할협의를 하면서 자신의 상속분에 관한 권리를 포기함으로써 일반 채권자에 대한 공동담보가 감소된 경우 사해행위 해당 여부(적극)

상속재산의 분할협의는 상속이 개시되어 공동상속인 사이에 잠정적 공유가 된 상속재산에 대하여 그 전부 또는 일부를 각 상속인의 단독소유로 하거나 새로운 공유관계로 이행시킴으로써 상속재산의 귀속을 확정시키는 것으로 그 성질상 재산권을 목적으로 하는 법률행위이므로 사해행위취소권 행사의 대상이 될 수 있고, 한편 채무자가 자기의 유일한 재산인 부동산을 매각하여 소비하기 쉬운 금전으로 바꾸거나 타인에게 무상으로 이전하여 주는 행위는 특별한 사정이 없는 한 채권자에 대하여 사해행위가 되는 것이므로, 이미 채무초과 상태에 있는 채무자가 상속재산의 분할협의를 하면서 자신의 상속분에 관한 권리를 포기함으로써 일반 채권자에 대한 공동담보가 감소한 경우에도 원칙적으로 채권자에 대한 사해행위에 해당한다.

2. 사해행위취소소송에서 원상회복으로 가액배상을 명하는 경우, 수익자가 배상하여야 할 부동산의 가액에서 우선변제권 있는 임차보증금 반환채권 금액을 공제하여야 하는지 여부(적극) 및 이러한 법리는 상속재산 분할협의를 사해행위로 인정하여 취소하는 경우에도 그대로 적용되는지 여부(적극)

어느 부동산에 관한 법률행위가 사해행위에 해당하는 경우에는 원칙적으로 그 사해행위를 취소하고 소유권이전등기의 말소 등 부동산 자체의 회복을 명하여야 하는 것이나, 다만 원물반환이 불가능하거나 현저히 곤란한 경우에는 원상회복의무의 이행으로서 사해행위 목적물 가액 상당의 배상을 명하여야 하는 것이고, 이러한 가액배상에 있어서는 일반 채권자들의 공동담보로 되어 있어 사해행위가 성립하는 범위 내의 가액배상을 명하여야 하는 것이므로, 그 부동산에 관하여 주택임대차보호법 제3조 제1항이 정한 대항력을 갖추고 임대차계약서에 확정일자를 받아 임대차보증금 우선변제권을 가진 임차인 또는 같은 법 제8조에 의하여 임대차보증금 중 일정액을 우선하여 변제받을 수 있는 소액임차인이 있는 때에는 수익자가 배상하여야 할 부동산의 가액에서 그 우선변제권 있는 임차보증금 반환채권 금액을 공제하여야 한다. 그리고 이러한 법리는, 주택 소유자의 사망으로 인하여 그 주택에 관한 포괄적 권리의무를 승계한 공동상속인들 사이에 이루어진 상속재산 분할협의가 일부 상속인의 채권자에 대한 사해행위에 해당하는 경우 그 상속인의 상속지분을 취득한 수익자로 하여금 원상회복 의무의 이행으로서 지분 가액 상당의 배상을 명하는 경우에도 그대로 적용된다. (대법원 2007.7.26. 선고 2007다29119 판결).

【서식】 대여금청구의 소(대여자 사망하여 상속인이 원고)

소　　장

원　　고　1. 김○○ (주민등록번호)

　　　　　　2. 김○○ (주민등록번호)

　　　　　　3. 박○○ (주민등록번호)

　　　　　위 원고들 주소지 ○○시 ○○구 ○○동 ○○

　　　　　　　(우편번호 ○○○ - ○○○)

　　　　　　전화·휴대폰번호:

　　　　　　팩스번호, 전자우편(e-mail)주소:

피　　고　　◇◇◇ (주민등록번호 또는 한자)

　　　　　　○○시 ○○구 ○○동 ○○ (우편번호 ○○○ - ○○○)

　　　　　　전화·휴대폰번호:

　　　　　　팩스번호, 전자우편(e-mail)주소:

대여금청구의 소

청 구 취 지

1. 피고는 원고 김○○, 김○○에게 각 금 ○○○원, 원고 박○○에게 금 ○○○원 및 이에 대한 20○○. ○○. ○○.부터 이 사건 소장부본 송달받은 날까지는 연 5%의, 그 다음날부터 다 갚을 때까지는 연 20%의 각 비율에 의한 돈을 각 지급하라.

2. 소송비용은 피고의 부담으로 한다.

3. 위 제1항은 가집행 할 수 있다.

라는 판결을 구합니다.

청 구 원 인

1. 원고 김○○과 김○○은 20○○. ○. ○에 사망한 소외 망 김◇◇의 자녀들이고, 원고 박○○은 소외 망 김◇◇의 처입니다.

2. 소외 망 김◇◇와 피고는 같은 직장에서 근무하던 관계로 평소 친하게 지내면서 상호 친분이 있던 중 피고는 20○○. ○. ○. 소외 망 김◇◇로부터 자신의 아파트입주의 잔금이 필요하다면서 입주한 뒤 대출을 받아 20○○. ○○. ○○.에 갚겠다고 하면서 이자는 정하지 않고 금 ○○○원을 빌려간 사실이 있습니다(갑 제1호증 차용증사본 참조).

3. 그런데 피고는 소외 망 김◇◇에게 위 돈을 빌려 자신이 거주하는 아파트에 입주한 뒤 대출을 받아 위 채무를 갚겠다는 약속을 어기고 대출을 받은 돈을 유흥비 등으로 낭비하고, 다시 지나치게 많은 채무 때문에 자신의 아파트를 처분한 뒤에도 여전히 소외 망 김◇◇로부터 빌려간 돈을 갚지 않았습니다.

4. 소외 망 김◇◇는 피고의 이와 같은 태도에 분개하던 중 평소 지병인 간경화가 악화되어 20○○. ○. ○. ○○. 대학병원에서 사망하였고, 소외 망 김◇◇의 자녀인 원고 김○○, 원고 김○○와 처 원고 박○○은 소외 망 김◇◇의 상속인으로서 피고에 대한 소외 망 김◇◇의 채권을 상속하였으므로 각 법정상속지분대로 피고에 대하여 원고 김○○, 김○○은 각 금 ○○○원(○○○원×2/7), 원고 박○○은 금 ○○○원(○○○원×3/7)의 상속채권을 가지고 있다고 할 것입니다.

5. 따라서 원고들은 피고로부터 위 돈에 대한 법정상속지분에 따라 원고 김○○, 김○○은 각 금 ○○○원, 원고 박○○은 금 ○○○원 및 이에 대한 20○○. ○○. ○○.부터 이 사건 소장부본 송달받은 날까지는 민법에서 정한 연 5%의, 그 다음날부터 다 갚을 때까지는 소송촉진등에관한특례법에서 정한 연 20%의 각 비율에 의한 지연손해금을 각 지급 받기 위하여 이 사건 소 제기에 이르렀습니다.

입 증 방 법

1. 갑 제1호증	차용증
1. 갑 제2호증	제적등본

첨 부 서 류

1. 위 입증방법	각 1통
1. 소장부본	1통
1. 송달료납부서	1통

20○○년 ○월 ○일

위 원고   1. 김○○ (서명 또는 날인)

2. 김○○ (서명 또는 날인)

3. 박○○ (서명 또는 날인)

○○지방법원 귀중

(2) 상속 이외의 유산의 처분에 관한 사항 : ① 유증(제1074조 이하), ② 재단법인의 설립(제47조 2항), ③ 신탁의 설정(신탁법 제2조).

(3) 신분상의 사항 : ① 인지(제859조 2항), ② 친생부인(제850조), ③ 후견인의 지정(제931조), ④ 친족회원지정(제962조).

(4) 유언의 집행에 관한 사항 : 유언집행자의 지정 또는 위탁(제1093조). 또한 본인의 최종의사인가를 명확히 해 둘 필요에서도 엄격한 방식이 요구된다(유언의 요식성 : 제1060조 참조). 일단 한 유언도 자유로이 철회할 수 있고, 이 철회권을 포기하지 못하게 되어 있다(제1108조 참조).

민법은 유언의 해석에 관하여도 엄격히 기준을 정하고 있다. 즉 전후의 유언이 저촉되거나 유언 후의 생전행위가 유언과 저촉되는 경우에는 그 저촉된 부분의 전유언은 이를 철회한 것으로 본다든가(제1109조), 유언의 목적이 된 권리가 유언자의 사망 당시에 상속재산에 속하지 아니한 때에는 유언은 그 효력이 없다(제1087조 1항 본문)는 등의 규정이 그것이다. 그러나 유증이 임종시에 행하여지는 것이 많은 우리 나라의 실정에서 본다면 내용이 불명확한 경우도 적지 않다.

제 1 절 총 칙

본절에서는 유언에 관한 일반적인 사항으로서 ① 유언에는 방식이 필요하다는 것, ② 유언을 할 수 있는 자는 어떠한 자

인가 하는 것(유언능력), ③ 유언으로 유산을 누구인가에게 주
는 것(유증)을 할 수 있는 것, ④ 기타 여러 가지를 규정하고
있다.

◈ 유언의 효력발생요건

제1060조 【유언의 요식성】
유언은 본법의 정한 방식에 의하지 아니하면 효력이 생하지
아니한다.

■ [요약] 1060. 유언의 방식

·형식엄격주의
·요식행위
·관련법조 : [유언으로 할 수 있는 행위] §47②, §48②, §859②, §931, §1012, §1093, 신탁
　　　　　§2, [준거법] 국제사법 §27

　유언은 유언자의 사망과 동시에 일정한 법률효과를 발생시
키는 것을 목적으로 일정한 방식에 따라서 하는 상대방 없는
단독행위이다. 유언의 효력은 유언자의 사후에 발생하지만 유
언이 법률행위로서 성립하는 것을 그 표시행위가 완료하였을
때이다. 유언은 민법이 정한 방식에 의하지 아니하면 효력이
생기지 아니한다. 민법이 규정한 유언방식은 모두 다섯 가지이
며(제1065조), 유언자는 그 중 어느 것인가에 따라서 유언하
여야 하는 것이다.

　유언은 유언자의 사후에 효력을 발생하기 때문에 유언의 진
부나 내용 등에 관한 유언의 효력이 다투어진 때에는 유언자
가 직접 그 진의를 밝힐 수 없으므로 입증이 대단히 어렵게

된다. 여기에서 유언자의 진의를 확보하기 위하여 일정한 방식을 요구함으로써 위조·변조에 대한 다툼의 발생을 예방하려고 하였다. 동시에 특정한 방식을 규정함으로써 중요한 사항에 관한 유언을 될 수 있는 한 신중하게 하도록 한 것이다. 특히 유언의 요식성은 방식자유의 원칙에 대한 하나의 예외가 되어 있다. 민법이 인정하는 유언방식에는 자필증서, 녹음, 공정증서, 비밀증서, 구수증서 등 다섯 가지가 허용되고 있다(제1065조).

◎ 유언방식에 위배된 피상속인의 상속재산분할방법 지정행위의 효력

【질의】 ➡ 甲은 그가 사망하면 그의 소유인 주택 및 대지는 장남 乙에게, 농지 2필지는 차남 丙에게, 임야는 3남 丁에게 나누어 가지라고 입버릇처럼 말하였습니다. 그런데 甲이 사망하였고, 위와 같은 甲의 유지를 받들어 재산을 분할하려고 하였으나, 丁이 이에 반발하여 법정상속지분에 의하여 분할하여야 한다고 주장합니다. 이 경우 丁의 주장이 타당한지요?

【답변】 ➡ 타당합니다.

민법 제1012조에 의하면 "피상속인은 유언으로 상속재산의 분할방법을 정하거나 이를 정할 것을 제3자에게 위탁할 수 있고 상속개시의 날로부터 5년을 초과하지 아니하는 기간내의 그 분할을 금지할 수 있다."라고 규정하고 있습니다. 그리고 민법은 유언의 존재여부를 분명히 하고 위조, 변조를 방지할 목적으로 일정한 방

식에 의한 유언에 대해서만 그 효력을 인정하고 있습니다. 민법에 규정된 유언의 방식으로는 자필증서에 의한 유언, 녹음에 의한 유언, 공정증서에 의한 유언, 비밀증서에 의한 유언, 구수증서에 의한 유언이 있습니다(민법 제1065조).

그런데 위 사안에서 甲의 생전발언은 위와 같은 유언의 방식을 갖추지 못한 것이므로 유언의 방식에 의하지 아니한 피상속인의 상속재산분할방법 지정행위의 효력에 관하여 판례를 살펴보면, "피상속인은 유언으로 상속재산의 분할방법을 정할 수는 있지만, 생전행위에 의한 분할방법의 지정은 그 효력이 없어 상속인들이 피상속인의 의사에 구속되지는 않는다."라고 하였습니다(대법원 2001. 6. 29. 선고 2001다28299 판결).

따라서 위 사안의 경우 甲이 생전에 위와 같은 재산분할방법을 말하였다고 하여도 그것이 유언의 형식을 갖추지 못한 것이므로 그것은 효력이 없다 할 것입니다. 그렇다면 乙·丙·丁 3인은 법정상속지분에 따라서 상속재산을 분할하여야할 것입니다. [법률구조공단자료. 참고만 하세요]

■ **핵심판례** ■

■ [유언의 요식성]

1. 구 민법 당시 유언으로 혼인외 출생자를 인지한 것으로 본 례

　구 민법 시행 당시 부가 혼인외 출생자를 친자로 인정하고

자기의 출생자로 출생신고를 해달라고 부탁했으나 그 신고가 지연되어 오던 중 부가 사망하고 그 후 유처가 유언집행자로서 그 자를 부와 자기 사이의 출생자로 신고하였다면 유언방식에 관하여 특별한 규정이 없었던 구민법 시행 당시에 있어서는 위와 같은 경우 부가 유언으로 그 자를 인지한 것으로 볼 것이다(1986. 3. 11. 제3부 판결 85므101 친생자관계부존재확인).

2. 유언자의 진정한 의사에 합치하나 민법 제1065조 내지 제1070조에 정해진 요건과 방식에 어긋나는 유언의 효력(무효)

민법 제1065조 내지 제1070조가 유언의 방식을 엄격하게 규정한 것은 유언자의 진의를 명확히 하고 그로 인한 법적 분쟁과 혼란을 예방하기 위한 것이므로, 법정된 요건과 방식에 어긋난 유언은 그것이 유언자의 진정한 의사에 합치하더라도 무효라고 하지 않을 수 없다(대법원 2006. 3. 9. 선고 2005다57899 판결).

◈ 유언을 할 수 있는 연령

제1061조 【유언적령】

만17세에 달하지 못한 자는 유언을 하지 못한다.

■ [요약] 1061. 유언적령

· 만 17세에 달하면 유언능력자가 된다.
· 만 17세 미달자와 의사능력이 없는 자의 유언은 무효이다.

유언은 다른 계약에 있어서와 마찬가지로 의사표시이기 때문에 의사능력이 없는 사람은 유언은 하더라도 그것은 무효이다. 그러나 무능력한자라 할지라도 의사능력, 즉 자기가 한 유언이 어떤 결과를 가져오는가에 대한 판단능력만 있으면 되는 것이다. 다만, 민법은 만 17세에 달하면 유언능력이 있다고 보고 있다. 따라서 누구라도 만 17세 이상이면 자유롭게 유언할 수 있게 된다.

유언은 유언능력 있는 자가 하면 그대로 유효하고, 유언능력이 없는 자, 즉 만 17세 미만인 자 또는 의사능력이 없는 자가 한 유언은 무효이다. 또 만 17세 미만의 자가 의사능력이 있더라도 또 법정대리인의 동의를 얻더라도 그 유언은 무효이다.

유언능력이 필요한 시기에 대해서는 민법이 규정하는 바 없으나, 유언을 할 때에 존재하면 된다고 하겠다. 유언은 성립시와 효력발생시(유언자 사망시) 또는 그 후에 정지조건이 성취한 때(제1073조)와의 사이에 상당한 시간이 경과하는 경우가 많다.

그 때문에 언제 유언능력이 있으면 좋은가 하는 문제가 생긴다. 유언시에 의사능력이 있으면 된다고 해석하는 이상, 그 이후에 의사능력을 상실하더라도 유언은 그대로 유효하다.

유언은 본인의 의사를 존중하는 것이므로 유언의 대리는 허용되지 않는다. 따라서 법정대리인이라고 하더라도 유언무능력자에 가름하여 유언을 하거나 또는 유효한 동의를 줄 수 없다.

◆ 제한능력자의 유언능력

제1062조【제한능력자의 유언】
제5조, 제10조와 제13조의 규정은 유언에 관하여는 이를 적용하지 아니한다.

■ [요약] 1062. 제한능력자의 유언

·유언할 때 존재
·대리는 허용되지 않는다.
·민법 제5조, 제 10조, 제13조)에 관한 규정은 유언에는 적용없다.

유언은 유언자의 의사표시를 요소로 한 법률행위이다. 그리하여 유언을 하려면 유언자에게 적어도 의사능력, 요컨대 유언이란 어떠한 것인가를 일단 판단할 수 있는 능력이 필요한 것은 말할 나위도 없다. 그리고 유언은 이 의사능력만 있으면 충분하고, 다시 그 이상의 판단능력을 요하지 아니한다. 요컨대 유언에 대해서는 행위능력에 관한 일반원칙의 적용이 배제되고, 의사능력만 있으면 누구라도 단독으로 독립하여 유언을 할 수 있는 것이다. 그래서 민법 제5조, 제10조, 제13조의 규정은 유언에 적용하지 않도록 하고 있다.

◆ 피성년후견인의 유언능력

제1063조【피성년후견인의 유언능력】
① 피성년후견인은 의사능력이 회복된 때에만 유언을 할 수 있다.

② 제1항의 경우에는 의사가 심신회복의 상태를 유언서에 부기하고 서명날인하여야 한다.
[전문개정 2011.3.7] [시행일 : 2013.7.1]

■ [요약] 1063. 유언능력

·피성년후견인은 그 의사능력이 회복된 때에 한하여 유언할 수 있다.
·유언무능력자, 즉 만 17세 미달자와 의사능력이 없는 자의 유언은 무효이다.

심신상실의 상태에 있는 사람은 의사능력이 있는 때에는 단독으로 유언할 수 있다. 의사능력이 없는 법률행위는 무효이므로 본조는 당연한 규정이다.

심신상실의 상태에 있는 사람도 의사능력을 회복하고 있는 한 단독으로 독립하여 유효하게 유언할 수 있다. 그러나 이러한 경우 유언을 한 때에는 의사가 심신회복의 상태를 유언서에 부기하고 기명날인하여야 한다. 이와 같이 유언능력을 의사능력만으로 충분하다고 하고 있는 것은 유언이 유언자가 자유롭게 표시한 최종의 의사를 존중하는 제도임과 동시에 유언은 유언자에게 직접 불이익을 발생시키는 것도 아니므로 무능력자의 이익을 특히 보호하기 위한 무능력제도의 취지를 유언에까지 인정할 필요는 없기 때문이다.

또 이러한 유언에는 의사가 참여하여 유언하는 사람의 의사능력의 존재를 증명하여야 한다.

본조는 민법이 정하는 모든 방식의 유언에 적용된다. 그러나 유언을 할 때에 심신상실의 상태에 있지 않았다는 것은 자필증서에서는 전문을 자필할 때이고, 공정증서유언에서는 공증인에게 구수하는 때라는 것을 의심할 바 없다.

◆ 수증자의 능력

제1064조 【유언과 태아, 상속결격자】
제1000조 제3항, 제1004조의 규정은 수증자에 준용한다. <개정 1990. 1. 13>

■ [요약] 1064. 수증자의 능력

·원칙적으로 유언자의 사망당시 생존, 단 태아는 유증에 관해서 이미 출생한 것으로 보므로 태아에게 유증할 수 있다.
·수증결격 : §1004 준용
·수증능력 : 유증의 이익을 향수할 수 있는 능력
·의사능력불요, 권리능력만 있으면 가능(의사무능력자, 법인, 태아)

유증의 이익을 받은 자, 즉 수증자의 능력에 관해서 규정한 것이 본조이다.

유증을 받은 자가 수증인(Vermachtnisnehmer, devisee, legatee, leftgataire)이다. 자연인과 법인을 불문하고 유증의 효력 발생시기에 존재하는 권리능력자이면 수증자가 될 수 있다.

수증자는 상속의 경우와 마찬가지로 원칙적으로 유언자가 사망할 때에, 즉 유언의 효력이 발생할 때에 생존하고 있지 않으면 안된다. 다만 태아는 유증에 관해서도 이미 출생한 것으로 보므로(제1064조에 의한 제1000조 3항의 준용), 태아에게도 유증할 수 있다. 그러나 태아가 사산한 때에는 처음부터 유증을 받지 않았던 것이 된다.

미포태아를 수증자로 할 수 있는가에 관해서는 학설이 대립하고 있으나, 권리관계의 확정이란 취지에서 부정설이 타당하다. 수증자는 포괄수증자와 특정수증자가 있다.

◈ 태아도 재산상속을 할 수 있는지

【질의】 ➡ 저는 얼마 전 동거하는 甲남과 자동차를 타고 가던 중 반대차선에서 진행하던 乙의 잘못으로 교통사고를 당해 甲은 사망하였고 저는 조금 다쳤습니다. 사고 당시 저는 임신 중이었으나 甲의 부모와 상의하여 임신중절수술을 하였습니다. 태아인 경우에도 상속권이 있다고 하는데, 甲의 재산과 위 사고로 인한 손해배상청구권은 누가 상속받게 되는지요?

【답변】 ➡ 甲의 부모가 상속받게 됩니다.

민법 제1000조 제3항 및 제762조에 의하면 태아는 상속순위와 손해배상청구권에 관하여는 이미 출생한 것으로 본다고 규정하고 있습니다.

그러나 태아의 재산상속권과 불법행위에 대한 손해배상청구권은 태아가 살아서 출생하는 것을 전제하여 인정되는 것이며, 만약 태아가 모체와 같이 사망하거나 또는 모체 내에서 사망하는 등 출생하기 전에 사망하였다면 재산상속권과 불법행위에 대한 손해배상청구권은 인정되지 않는 것입니다.

관련 판례를 보면 "태아도 손해배상청구권에 관하여는 이미 출생한 것으로 보는바, 부(父)가 교통사고로 상해를 입을 당시 태아가 출생하지 아니하였다고 하더

라도 그 뒤에 출생한 이상 부의 부상으로 인하여 입게
될 정신적 고통에 대한 위자료를 청구할 수 있다."라고
하였지만(대법원 1993. 4. 27. 선고 93다4663 판결), "태
아가 특정한 권리에 있어서 이미 태어난 것으로 본다
는 것은 살아서 출생한 때에 출생시기가 문제의 사건
의 시기까지 소급하여 그 때에 태아가 출생한 것과 같
이 법률상 보아준다고 해석하여야 상당하므로, 그가
모체와 같이 사망하여 출생의 기회를 못 가진 이상 배
상청구권을 논할 여지가 없다."라고 하였습니다(대법원
1976. 9. 14. 선고 76다1365 판결).

그러므로 귀하가 태아인 상태에서 임신중절수술을
받았다면 태아는 상속순위에서도 상속인이 되지 못하
는 것이고, 물론 불법행위에 대한 손해배상청구권도
발생하지 않습니다. 또한, 귀하는 甲과 혼인신고를 하
지 않은 상태이기 때문에 甲의 상속인이 되지 못합니
다.

따라서 甲의 사망당시 재산과 위 사고로 인한 乙에
대한 손해배상청구권은 甲의 부모가 상속하게 될 것입
니다. 다만, 귀하도 교통사고를 당하였으므로 그로 인
하여 입은 치료비와 사실혼관계에 있던 甲의 사망에
따른 정신적 고통에 대한 위자료 등은 乙에 대하여 청
구할 수 있다고 할 것입니다. [법률구조공단자료. 참고만 하세요]

상속인의 결격사유에 대한 제1004조는 수증자에게 준용된
다. 이것은 상속의 경우와 마찬가지로 유언자와 유언을 훼손하

는 것과 같이 특히 중대한 행위를 한 자는 수증자로 인정할
수 없다는 취지에서이다. 그러나 학설에는, 상속인으로서 결격
사유가 있는 것을 알면서도 여전히 피상속인이 결격자에게 유
증한 경우까지 수증능력을 부인하는 것은 그 합리적 근거가
없다고 하는 유력한 설도 있다는 것을 주의하여야 한다

◈ 상속결격사유란 무엇인지

【답변】 ➡ 상속결격이란 상속인에게 일정한 법정사유가 발생
한 경우에 그 상속인이 법률상 당연히 피상속인을 상속
하는 자격을 잃는 것을 말하는 것으로서 사망한 사람에
대하여 특정한 비행행위를 함으로써 상속결격된 자는 그
사유 발생시점에 관계없이 상속이 개시된 때에 소급하여
법률상 당연히 상속인이 될 수 없습니다. 민법은 다음과
같은 상속결격사유를 규정하고 있습니다.
　　- 고의로 직계존속, 피상속인, 그 배우자 또는 상속
　　　의 선 순위나 동 순위에 있는 자를 살해하거나 살
　　　해하려 한 자,
　　- 고의로 직계존속, 피상속인과 그 배우자에게 상해
　　　를 가하여 사망에 이르게 한 자,
　　- 사기 또는 강박으로 피상속인의 상속에 관한 유언
　　　또는 유언의 철회를 방해한 자,
　　- 사기 또는 강박으로 피상속인의 상속에 관한 유언
　　　을 하게 한 자,
　　- 피상속인의 상속에 관한 유언서를 위조하거나 변

조 혹은 파기 또는 은닉한 자 등입니다(민법 제1004조).

다만, 상속결격의 효과는 결격자의 일신에 한하므로, 결격자의 직계비속이나 배우자가 있는 경우에는 그 결격자의 상속분을 결격자의 직계비속이나 배우자가 대습상속(代襲相續)을 받게 됩니다. [법률구조공단자료. 참고만 하세요]

◪ 동순위의 상속인이 태아를 낙태한 경우 상속결격사유인지

> **【질의】** ➡ 甲은 남편인 乙이 사망하자 임신중인 태아를 출산 후 양육할 능력이 없다고 판단하여 낙태하였습니다. 그런데 乙명의의 임야 5,000평이 발견되자 그 상속에 있어서 乙의 형제들은 甲이 낙태를 하였다고 상속결격사유에 해당하여 상속권이 없다고 주장하는데 그것이 타당한지요?

【답변】 ➡ 타당합니다.

원칙적으로 태아는 상속순위에 관하여 이미 출생한 것으로 보게 됩니다(민법 제1000조 제3항). 따라서 위 사안에서 태아는 甲과 공동상속인이 될 수 있었으나, 낙태된 것입니다.

그리고 민법 제1004조 제1호에서는 상속인의 결격사유 중 하나로 '고의로 직계존속, 피상속인, 그 배우자 또는 상속의 선순위나 동순위에 있는 자를 살해하거나 살해하려 한 자'를 규정하고 있으며, 이러한 상속결격자는 상속인이 되지 못합니다. 상속결격의 효과를 살펴보면 상속개시 전에 결격사유가 생기면 후일 상속이 개시되더라도 그 상속인은 상속을 받을 수 없고, 상속개시 후에 결격사유가 생기면 유효하게 개시된 상속도 개시시에 소급하여 무효가 됩니다.

그러므로 甲이 태아를 낙태한 것이 위 규정의 상속결격사유에 해당될 것인지 문제되는 바, 이와 관련된 판례를 보면, "태아가 재산상속의 선순위나 동순위에 있는 경우에 그를 낙태하면 제1004조 제1호 소정의 상속결격사유에 해당하고, 상속결격사유로서 '살해의 고의' 이외에 '상속에 유리하다는 인식'을 필요로 하는지 여부에 관하여는, ①민법 제1004조 제1호는 그 규정에 정한 자를 고의로 살해하면 상속결격자에 해당한다고만 규정하고 있을 뿐, 더 나아가 '상속에 유리하다는 인식'이 있어야 한다고까지는 규정하고 있지 아니하고, ②민법 제1004조 제1호는 '피상속인 또는 재산상속의 선순위나 동순위에 있는 자'이외에 '직계존속'도 피해자에 포함하고 있고, 위 '직계존속'은 가해자보다도 상속순위가 후순위일 경우가 있는바, 민법이 굳이 동인을 살해한 경우에도 그 가해자를 상속결격자에 해당한다고 규정한 이유는, 상속결격요건으로서 '살해의 고의' 이외에 '상속에 유리하다는 인식'을 요구하지 아니한다는 데에 있다고 해석할 수밖에 없으며, ③민법 제1004조 제2호는 '고의로 직계존속, 피상속인과 그 배우자에게 상해를 가하여 사망에 이르게 한 자'도 상속결격자로 규정하고 있는데, 이 경우에는 '상해의 고의'만 있으면 되고, 이 '고의'에 '상속에 유리하다는 인식'이 필요 없음은 당연하므로, 이 규정들의 취지에 비추어 보아도 그 각 제1호의 요건으로서 '살해의 고의'이외에 '상속에 유리하다는 인식'은 필요로 하지 아니한다고 할 것이다."라고 하였습니다(대법원 1992. 5. 22. 선고 92다2127 판결).

따라서 위 사안의 경우에도 甲이 비록 재산상속에 있어서 유리하게 된다는 인식 없이 오로지 장차 태어날 아기의 장래에 대한 우려 등에 기인하여 乙과의 사이에서 잉태한 태아를 낙태하였다고 하더라도 甲은 乙에 대한 상속결격자에 해당하여 상속인으로서의 지위를 상실하였다고 할 수 있을 것으로 보입니다. [법률구조공단 자료. 참고만 하세요]

제 2 절 유언의 방식

유언의 방식이라 함은 요식행위인 유언에 관하여 민법이 요구하고 있는 일정한 방식을 말한다. 민법이 요구하는 일정한 방식에 따르지 않으면 유언은 무효가 된다(제1060조 참조). 그러나 근소한 차질로 인하여 무효로 하는 것은 오히려 부당하므로 판례는 법률의 규정을 약간 부드럽게 해석하는 경향이 있다. 유언의 방식에는 보통 방법으로서 자필증서·녹음·공정증서·비밀증서와 구수증서의 5종이 있다(제1065조).

(1) 자필증서에 의한 유언은 유언자가 유언의 전문과 연월일·주소·성명을 자서하고 날인을 하는 방식에 의한 유언이다(제1066조 1항). 자필증서에 의한 유언을 집행하기 위하여는 반드시 가정법원에 의한 검인절차를 받도록 되어 있다(제1091조, 가소 제2조 1항 라류 37호). 그리고 자필증서에서 문자를 삽입하거나 유언문을 삭제 또는 변경하는 경우에는 유언자가 이를 자서하고 날인하도록 되어 있다(제1066조 2항).

◉ 자필증서에 의한 유언의 효력

【질의】 ➡ 저는 10년 전부터 甲의 후처로 들어와 혼인신고 없이 동거인으로 살고 있는데, 甲은 그의 사후에 저의 생활안정을 배려한다면서 "자신이 소유한 부동산 1필지를 사후에 증여하겠다."는 취지의 각서를 자필로 작성하여 저에게 교부하였습니다. 위와 같은 각서로도 유언의 효력이 인정되는지요?

【답변】 ➡ 인정됩니다.

민법은 유언의 존재여부를 분명히 하고 위조, 변조를 방지할 목적으로 일정한 방식에 의한 유언에 대해서만 그 효력을 인정하고 있습니다. 민법에 규정된 유언의 방식으로는 자필증서에 의한 유언, 녹음에 의한 유언, 공정증서에 의한 유언, 비밀증서에 의한 유언, 구수증서에 의한 유언이 있습니다(민법 제1065조).

'자필증서에 의한 유언'이란 유언 중에서 가장 간단

한 방식이며, 그 요건은 유언자가 유언의 내용이 되는 전문과 연월일·주소·성명을 자신이 쓰고 날인한 유언서입니다(민법 제1066조). 이 유언은 자필하는 것이 절대적 요건이므로, 타인에게 구수(口授), 필기시킨 것, 타이프라이터나 점자기를 사용한 것은 자필증서로서 인정되지 않으며 따라서 무효입니다. 다만, 자기 스스로 썼다면 외국어나 속기문자를 사용한 것도, 그리고 가족에게 의문의 여지없는 정도의 의미가 명확한 관용어나 약자·약호를 사용한 유언도 유효합니다.

유언서 작성시 연월일도 반드시 자필로 기재하여야 하며 유언서 말미나 봉투에 기재하여도 무방하나 연월일이 없는 유언은 무효입니다. 연월일의 자필이 중요시되는 것은 언제 유언이 성립되었느냐를 명확히 하는 이외에, 유언자의 유언능력을 판단하는 표준시기를 알기 위하여도, 혹은 유언이 2통으로 작성된 경우에 전·후의 유언내용이 저촉되는 때에는, 뒤의 유언으로써 그 저촉되는 부분의 앞의 유언을 취소한 것으로 볼 수 있으므로, 유언에 연월일이 없으면 어느 유언이 전·후의 것인지 불명확하기 때문입니다. 그렇지만 연월일을 반드시 정확하게 기입할 필요는 없으며 '만 60세의 생일'이라든가 '몇 년의 조부 제사일에'라는 식으로 써도 상관없습니다. 그러나 연월만 표시하고 날의 기재를 하지 않은 유언은 무효입니다. 예컨대, '1954년 9월 길일'과 같은 기재는 날짜의 기재가 없는 것으로 무효가 됩니다.

성명의 기재가 없는 유언서 또는 성명을 다른 사람이 쓴 유언서는 무효입니다. 여기서, 성명의 기재는 그 유언서가 누구의 것인가를 알 수 있는 정도면 되므로 호나 자, 예명(藝名) 등도 상관없습니다. 성과 이름을 다 쓰지 않더라도 유언자 본인의 동일성을 알 수 있는 경우에는 유효하지만, 성명의 자서(自書) 대신 자서를 기호화한 인형(印形) 같은 것을 날인한 것은 안됩니다. 또한, 자필증서에 의한 유언은 유언서의 전문과 연월일, 성명을 자서하고 도장찍는 것을 요건으로 하되 도장은 인감증명이 되어있는 실인(實印)일 필요는 없으며, 막도장도 좋고, 무인(拇印)도 무방하며 날인은 타인이 하여도 무방합니다. 사후 문자의 삽입·삭제·변경을 할 때에는 유언자가 자서하고 날인하여야 합니다(민법 제1066조 제2항). 그리고 위와 같은 자필증서를 보관한 자 또는 이를 발견한 자는 유언자의 사망 후 지체 없이 그 증서를 법원에 제출하여 검인을 받아야 합니다(민법 제1091조 제1항).

판례는 "자필증서에 의한 유언은 유언자가 그 전문과 연월일·주소·성명을 자서(自書)하고 날인하여야 하는바(민법 제1066조 제1항), 유언자의 주소는 반드시 유언전문과 동일한 지편(紙片)에 기재하여야 하는 것은 아니고, 유언증서로서 일체성이 인정되는 이상 그 전문을 담은 봉투에 기재하더라도 무방하며, 그 날인은 무인에 의한 경우에도 유효하고, 유언증서에 문자의 삽입·삭제·변경을 함에는 유언자가 이를 자서하고 날인하여야 하나(민법 제1066조 제2항), 증서의 기재 자체로 보아 명백한 오기를 정정함에 지나지 아니하는 경우에는 그 정정 부분에 날인을 하지 않았다고 하더라도 그 효력에는 영향이 없고, 민법 제1091조 제1항에 규정된 유언증서에 대한 법원의 검인은 유언의 방식에 관한 사실을 조사함으로써 위조·변조를 방지하고 그 보존을 확실히 하기 위한 절차에 불과할 뿐 유언증서의 효력여부를 심판하는 절차가 아니고, 민법 제1092조는 봉인된 유언증서를 검인하는 경우 그 개봉절차를 규정한데 불과하므로, 적법한 유언증서는 유언자의 사망에 의하여 곧바로 그 효력이 발생하고 검인이나 개봉절차의 유무에 의하여 그 효력에 영향을 받지 않는다."라고 하였습니다(대법원 1998. 5. 29. 선고 97다38503 판결, 1998. 6. 12. 선고 97다38510 판결).

그러므로 위 사안에서 甲이 작성한 각서가 위와 같은 방식을 갖추고 사후에 부동산 1필지를 귀하에게 유증한다는 내용이라면 민법 제1066조의 자필증서에 의한 유언에 해당하여 유언의 효력이 있을 것으로 보여집니다. [법률구조공단자료. 참고만 하세요]

(2) 녹음에 의한 유언은 유언자가 유언의 취지, 그 성명과 연월일을 구술하고 이에 참여한 증인이 유언의 정확함과 그 성명을 구술하는 방식에 의한 유언이다(제1067조). 피성년후견인이 의사능력이 회복되어 녹음에 의한 유언을 하는 경우에는 참여한 의사는 심신회복의 상태를 유언서에 부기하고 서명

날인하는 대신에(제1063조) 그 취지를 녹음해야 할 것이다. 이 방법에의한 유언은 인간이 생존 당시의 육성을 사후에도 들을 수 있을 뿐만 아니라, 복잡한 내용의 유언까지도 간단히 할 수 있는 점으로 과학적인 혜택이 크다 하겠다.

(3) 공정증서에 의한 유언은 유언자가 증인 2인이 참여한 공증인의 면전에서 유언의 취지를 구수하고 공증인이 이를 필기·낭독하여 유언자와 증인이 그 정확함을 승인한 후 각자가 서명 또는 기명날인하는 방식에 의한 유언이다(제1068조). 공정증서에 의한 유언은 자기가 유언증서를 작성하지 않아도 할 수 있는 유언의 방식이며 또한 유언의 존재를 명확히 하고 내용을 확보할 수 있는 점이 특징이라고 할 수 있다. 유언의 확실을 기하는 점에서 유용한 방식이다. 또 유언의 집행에 있어서는 검인절차가 필요없다는 장점이 있지만 반면에 유언내용이 타인에게 누설되기 쉽고 상당한 비용이 소요된다는 단점도 있다.

(4) 비밀증서에 의한 유언은 유언자가 필자의 성명을 기입한 증서를 엄봉·날인하고 이를 2인 이상의 증인의 면전에 제출하여 자기의 유언서인 것을 표시한 후 그 봉서표면에 제출연월일을 기재하고 유언자와 증인이 각자 서명 또는 기명하고 날인하는 방식에 의한 유언이다(제1069조 1항).

이 비밀증서에 의한 유언방식은 자기의 성명을 자서할 수 있는 자이면 모두 할 수 있을 뿐만 아니라, 자필증서에 의한 유언방식과 공정증서에 의한 유언방식을 절충한 유언방식이므로 유언내용의 비밀을 유지하고, 그 누설을 방지하는 동시에 유언의 존재와 내용을 확실하게 할 수 있는 장점이 있다.

그리고 비밀증서의 방식에 의하여 작성된 유언봉서는 그 표면에 기재된 날로부터 5일 내에 공증인 또는 법원서기(현주사보 이상직)에게 제출하여 그 봉인상에 확정일자인을 받도록 되어 있다(제1069조 2항).

비밀문서에 의한 유언에 있어서 그 방식상 요건을 흠결한 경우에는 비밀문서유언으로서의 효력이 발생하지 못한다. 그러나 민법은 비밀증서로는 흠결이 있더라도 그 증서가 자필증서의 방식에 적합한 때에는 자필증서에 의한 유언으로서 효력을 인정한다(제1071조). 따라서 무효로 된 비밀증서유언이 자필증서유언으로서 전환되기 위하여는 유언서전문과 연월일·주소·성명의 자서와 날인이 있어야 한다.

(5) 구수증서에 의한 유언은 질병, 기타 급박한 사유로 인하여 자필증서·녹음·공정증서 또는 비밀문서 등의 방식으로써 유언을 할 수 없는 경우에 유언자가 2인 이상의 증인의 참여로 그 1인에게 유언의 취지를 구수하고 그 구수를 받은 자가 이를 필기·낭독하여 유언자와 증인이 그 정확함을 승인한 후 각자가 서명 또는 기명하고 날인하는 방식에 의한 유언이다(제1070조 1항). 구수증서의 방식에 의한 유언은 그 증인 또는 이해관계인이 급박한 사유가 종료한 날로부터 7일 내에 가정법원에 검인을 신청하도록 되어 있다(제1070조 2항, 가소 제2조 1항 라류 36호).

◎ 구수증서에 의한 유언의 효력

【질의】➡ 한달 전 사망한 저의 부친은 3년 전 그의 칠순잔치 때에 어머니와 저희 3남매를 모아놓고 그의 사후 재산분배에 대하여 언급하였고, 동생이 그것을 받아 적고 낭독한 그 유언서에 '반드시 이대로 분배하라'고 직접 기재하신 후 서명·날인하였습니다. 그런데 동생은 부친 사망후 위 유언장의 효력을 부인하고 법정상속분에 따른 재산분배를 요구하고 있습니다. 유언 중 구수증서에 의한 유언은 유효하다고 들었는데, 위와 같은 경우 동생의 주장이 정당한지요?

【답변】➡ 정당합니다.

　구수증서(口授證書)에 의한 유언은 질병 기타 급박한 사유로 보통의 방식에 의하여 유언할 수 없는 경우에 유언자가 2인 이상의 증인의 참여로 그 중 1인에게 유언의 취지를 구수하고, 그 구수를 받은 사람이 이를 필기·낭독하여 유언자와 증인이 그 정확함을 승인한 후 각자가 서명 또는 기명·날인하는 방법의 유언입니다(민법 제1070조 제1항).

　구수증서에 의한 유언은 다음과 같은 요건을 갖추어야 합니다. 첫째, 질병 기타 급박한 사유로 인하여 다른 방식에 의한 유언을 할 수 없는 경우에 한하여 인정됩니다. 기타 급박한 사유란 것은 부상한 경우, 전염병 때문에 교통이 차단된 상태에 있는 경우, 조난한 선박 중에 있는 경우 등을 말합니다. 판례도 "민법 제

1065조 내지 제1070조가 유언의 방식을 엄격하게 규정한 것은 유언자의 진의를 명확히 하고 그로 인한 법적 분쟁과 혼란을 예방하기 위한 것이므로, 법정된 요건과 방식에 어긋난 유언은 그것이 유언자의 진정한 의사에 합치하더라도 무효라고 하지 않을 수 없는바, 민법 제1070조 제1항이 구수증서에 의한 유언은 질병 기타 급박한 사유로 인하여 민법 제1066조 내지 제1069조 소정의 자필증서, 녹음, 공정증서 및 비밀증서의 방식에 의하여 할 수 없는 경우에 허용되는 것으로 규정하고 있는 이상, 유언자가 질병 기타 급박한 사유에 있는지 여부를 판단함에 있어서는 유언자의 진의를 존중하기 위하여 유언자의 주관적 입장을 고려할 필요가 있을지 모르지만, 자필증서, 녹음, 공정증서 및 비밀증서의 방식에 의한 유언이 객관적으로 가능한 경우까지 구수증서에 의한 유언을 허용하여야 하는 것은 아니다."라고 하였습니다(대법원 1999. 9. 3. 선고 98다17800 판결, 2000. 12. 12. 선고 99다7329 판결). 둘째, 2인 이상의 증인의 참여와 그 중 1인에게 유언의 취지를 구수하여야 합니다. 증인이 1인밖에 참여하지 않을 때는 그 유언은 무효입니다. 셋째, 구수를 받은 사람이 이를 필기·낭독하여 유언자와 증인이 그 정확함을 승인한 후 각자가 서명 또는 기명하고 날인하여야 합니다. 넷째, 구수증서에 의한 유언은 그 증인 또는 이해관계인이 급박한 사유가 종료한 날로부터 7일 내에 가정법원에 검인을 신청하여야 하며(민법 제1070조 제2항), 가정법원은 이 검인을 심판으로서 합니다(가사소송법 제2조 제1항 라류사건 제36호). 다섯째, 피성년후견인이 구수증서에 의한 유언을 하는 경우에는 그 의사능력이 회복되어 있어야 합니다(민법 제1063조 제1항). 다만, 구수증서에 의한 유언의 경우에는 사실상 의사의 참여가 불가능한 경우가 많기 때문에 의사가 심신회복의 상태를 유언서에 서명·날인할 필요는 없습니다(민법 제1070조 제3항).

따라서 귀하의 경우에는 구수증서에 의한 유언의 요건 중 급박한 사정이 당시 존재하였다고 보기가 어려워 유언으로서의 효력이 없을 것으로 보입니다. 따라서 상속인들 사이에 상속분에 대하여 원만한 합의가 이루어지지 않는다면 법정상속지분에 의하여 상속재산을 분할하여야 할 것으로 보입니다. [법률구조공단자료. 참고만 하세요]

◈ 유언의 보통방식

제1065조【유언의 보통방식】
유언의 방식은 자필증서, 녹음, 공정증서, 비밀증서와 구수증서의 5종으로 한다.

■ [요약] 1065. 민법상 유언방식

·자필증서에 의한 유언

·녹음에 의한 유언

·공정증서에 의한 유언

·비밀증서에 의한 유언

·구수증서에 의한 유언

·관련법조 : [준거법] 국제사법 §27, [경과규정] 부칙 §26

유언은 본조에 정하는 5종의 방식에 의한다. 즉 통상의 경우에는 자필증서·녹음·공정증서·비밀증서 중에서 어느 하나의 형식을 밟아서 유언서를 작성해야 한다. 특별한 방식으로는 위와 같이 보통방식에 의할 수 없는 경우 질병 기타 사유로 인하여 구수증서에 의하는 것이 허용된다.

민법은「유언은 본법의 정한 바에 의하지 아니하면 효력이 생기지 아니한다」(제1060조)고 규정하여, 유언에 일정한 방식을 요구하고, 이 방식에 따르지 아니한 유언은 무효로 한다. 유언이 요식행위로 되어 있는 것은 오로지 법기술상의 이유에서이다. 원래 근대법에서는 당사자가 법률행위를 할 때에는 방식에 관한 제한이 없는 것이 원칙이다.

또 유언은 유언자의 최종의사의 실현을 확보하는 제도이기 때문에 유언자의 진의를 자유롭게 탐구하는 편이 바람직할지도 모른다.

이러한 점들을 생각해 볼 때, 굳이 유언에 일정한 방식을 요구할 필요도 없을 것이다. 그러나 유언은 많은 유산의 처치에 관계하기 때문에 위조나 변조될 위험이 많으며, 더욱이 유언자의 사후에 효력을 발생하므로, 유언의 진의가 다투어질 때, 유언자가 직접 그 진의를 밝힐 수 없어 입증이 매우 곤란해진다. 유언의 방식은 이를 예방하고, 유언자의 진의를 확보하기 위한 법기술인 것이다.

민법은 유언의 방식으로서 모두 다섯가지를 확정, 꽤 정밀한 규정을 두고 있다. 유언자가 그 사정에 따라 선택할 수 있도록 한 것이다.

유언에 방식이 인정되어 있는 취지에서 미루어 볼 때, 유언에는 가능한 한 엄격한 방식을 요구함과 동시에 엄격하게 해석하는 것이 바람직하다. 그러나 지나치게 방식에 치우치면 유언을 한다는 사실에 대하여 저항을 느낄 뿐만 아니라 모처럼 유언을 하더라도 약간의 방식위반으로 유언이 무효가 되는 경우가 많을 것이다. 그 결과, 도리어 유언자의 진의의 확보가 곤란해질 우려가 있다. 특히 우리나라에서는 임종의 자리에서 유언하는 사례가 대부분이기 때문에 이러한 폐단이 특히 두드러진다.

◙ 핵심판례 ◙

1. 유언자의 진정한 의사에 합치하나 민법 제1065조 내지 제1070조에 정한 요건과 방식에 어긋난 유언의 효력(무효)

   민법 제1065조 내지 제1070조가 유언의 방식을 엄격하게 규정한 것은 유언자의 진의를 명확히 하고 그로 인한 법적 분쟁과 혼란을 예방하기 위한 것이므로, 법정된 요건과 방식에 어긋난 유언은 그것이 유언자의 진정한 의사에 합치하더라도 무효라고 하지 않을 수 없다.

2. 연월(년월)만 기재하고 일(일)의 기재가 없는 자필유언증서의 효력(무효)

민법 제1066조 제1항은 "자필증서에 의한 유언은 유언자가 그 전문과 연월일, 주소, 성명을 자서하고 날인하여야 한다"고 규정하고 있으므로, 연월일의 기재가 없는 자필유언증서는 효력이 없다. 그리고 자필유언증서의 연월일은 이를 작성한 날로서 유언능력의 유무를 판단하거나 다른 유언증서와 사이에 유언 성립의 선후를 결정하는 기준일이 되므로 그 작성일을 특정할 수 있게 기재하여야 한다. 따라서 연·월만 기재하고 일의 기재가 없는 자필유언증서는 그 작성일을 특정할 수 없으므로 효력이 없다. (대법원 2009.5.14. 선고 2009다9768 판결)

▣ 핵심판례 ▣

■ [소유권이전등기]

1. 유언자의 진정한 의사에 합치하나 민법 제1065조 내지 제1070조에 정해진 요건과 방식에 어긋나는 유언의 효력(무효)

민법 제1065조 내지 제1070조가 유언의 방식을 엄격하게 규정한 것은 유언자의 진의를 명확히 하고 그로 인한 법적 분쟁과 혼란을 예방하기 위한 것이므로, 법정된 요건과 방식에 어긋난 유언은 그것이 유언자의 진정한 의사에 합치하더라도 무효이다.

2. 공증인이 유언자의 의사에 따라 작성한 유언의 취지가 적혀 있는 서면으로 유언자에게 질문하여 유언자의 진의를 확인한 다

음 서면을 낭독하여 준 방식이 민법 제1068조에서 정한 '유언 취지의 구수'의 요건을 갖춘 것인지 여부

민법 제1068조 소정의 '공정증서에 의한 유언'에서 '유언취지의 구수'라고 함은 말로써 유언의 내용을 상대방에게 전달하는 것을 뜻하는 것이므로 이를 엄격하게 제한하여 해석하여야 하지만, 공증인이 유언자의 의사에 따라 유언의 취지를 작성하고 그 서면에 따라 유언자에게 질문을 하여 유언자의 진의를 확인한 다음 유언자에게 필기된 서면을 낭독하여 주었고, 유언자가 유언의 취지를 정확히 이해할 의사식별능력이 있고 유언의 내용이나 유언경위로 보아 유언 자체가 유언자의 진정한 의사에 기한 것으로 인정할 수 있는 경우에는, 위와 같은 '유언취지의 구수' 요건을 갖추었다고 보아야 한다.

3. 공증 변호사가 미리 작성하여 온 공정증서에 따라, 의식이 명료하고 언어소통에 지장이 없는 유언자에게 질문하여 유증의사를 확인하고 그 증서의 내용을 읽어주어 이의 여부도 확인한 다음 자필서명을 받은 경우, 위 공정증서에 의한 유언은 민법 제1068조에서 정한 요건을 모두 갖추었다고 한 사례

공증 변호사가 미리 작성하여 온 공정증서에 따라, 의식이 명료하고 언어소통에 지장이 없는 유언자에게 질문하여 유증의사를 확인하고 그 증서의 내용을 읽어주어 이의 여부도 확인한 다음 자필서명을 받은 경우, 위 공정증서에 의한 유언은 민법 제1068조에서 정한 요건을 모두 갖추었다고 한 사례. (대법원 2007.10.25. 선고 2007다51550,51567 판결)

■ **핵심판례** ■

■ [예금반환·예금]

1. 유언자의 진정한 의사에 합치하나 민법 제1065조 내지 제1070 조에 정해진 요건과 방식에 어긋나는 유언의 효력(무효)

2. 유언자의 날인이 없는 유언장이 자필증서에 의한 유언으로서 효력이 있는지 여부(소극)

민법 제1065조 내지 제1070조가 유언의 방식을 엄격하게 규정한 것은 유언자의 진의를 명확히 하고 그로 인한 법적 분쟁과 혼란을 예방하기 위한 것이므로, 법정된 요건과 방식에 어긋난 유언은 그것이 유언자의 진정한 의사에 합치하더라도 무효라고 하지 않을 수 없고 (대법원 1999. 9. 3. 선고 98다17800 판결, 2004. 11. 11. 선고 2004다 35533 판결, 2006. 3. 9. 선고 2005다57899 판결 등 참조), 민법 제1066조 제1항은 "자필증서에 의한 유언은 유언자가 그 전문과 연월일, 주소, 성명을 자서하고 날인하여야 한다."고 규정하고 있으므로, 유언자의 날인이 없는 유언장은 자필증서에 의한 유언으로서의 효력이 없다고 할 것이다.

같은 취지인 원심의 판단은 정당하고, 거기에 상고이유로 주장하는 바와 같은 자필증서에 의한 유언의 효력에 관한 법리오해 등의 위법이 있다고 할 수 없으며, 자서와는 별도로 유언자의 날인을 요구하고 있는 민법 제1066조 제1항이 유언의 자유를 과도하게 제한하는 규정으로서 헌법에 위반된다고 볼 수는 없다. (대법원 2006.9.8. 선고 2006다25103,25110 판결)

제1066조【자필증서에 의한 유언】

① 자필증서에 의한 유언은 유언자가 그 전문과 년월일, 주소, 성명을 자서하고 날인하여야 한다.

② 전항의 증서에 문자의 삽입, 삭제 또는 변경을 함에는 유언자가 이를 자서하고 날인하여야 한다.

■ [요약] 1066. 자필증서에 의한 유언

·가장 간단한 방식이며 그 요건은 유언자가 그 전문과 연월일, 주소, 성명을 자서하고 날인하는 것이다.

·전문자서

·연월일의 자서

·성명의 자서

·날인

·기재 변경 : 2항

·단점 : 자필증서에 의한 유언은 가장 간편하기는 하나 문자를 모르는 자는 이 방법을 쓸 수 없는 것, 유언증서의 유무가 유언자의 사후에 쉽게 판명되지 않는 것, 또 위조, 변조의 위험이 많은 것이 결점이다.

자필증서에 의한 유언은 유언의 방식 가운데 가장 간단한 방식으로서 유언자가 유언서의 전문과 연월일, 주소, 성명을 자서하고 날인함으로써 성립하는 유언이다. 이것은 문자를 이해하고 쓸 수만 있으면, 누구나 언제, 어디에서라도 유언할 수 있는 방식이다.

(1) 유언자는 유언서의 전문을 자서하여야 한다. 이것은 절대적 요건이다. 유언자의 자서는 간단하게 흉내낼 수 없는 필

적으로 유언자의 유언의 의사 및 내용을 명확하게 하기 위하여 요구된다. 그리하여 이것이 모호해질 우려가 있는 경우에는 유언의 효력이 문제가 된다. 그리고 타인이 대필하거나 타이프라이터나 맹인용 점자기를 사용한 유언은 자필증서로 인정되지 않으므로 무효라고 해석된다.

유언자 본인이 쓴 것이면 타인의 손에 의지하여 쓴 유언이나, 타인이 쓴 것을 그대로 배껴 쓴 유언도 자서로 보아 무방할 것이다.

(2) 연월일을 자서하여야 한다. 연월일은 유언성립시의 유언능력의 유무의 판정과 유언의 전후를 확정하는 데에 대단히 중요한 요건이다. 연월일이 없는 유언서는 무효이다. 그러나 연월일은 반드시 정확하게 기입할 필요는 없으며, 연월일을 확실하게 판명할 수 있는 한, 예컨대「만 70세의 생일」이라든가「결혼식 날」등 특정사건의 날짜로 표시하여도 무방하다.

(3) 성명을 자서하여야 한다. 유언자의 동일성을 명확하게 하고, 유언이 유언자의 의사에 의한 것임을 나타내기 위한 요건이다. 따라서 성명의 자서는 유언자의 동일성을 명백하게 밝힐 수 있는 정도의 것이면 충분하다.

가족관계등록부상의 성명·호나 자, 아호, 예명 등을 사용하여도 상관없으며 성과 이름을 다 쓰지 않더라도 전후의 사정으로 유언자가 누구인가를 알 수 있는 표시이면 정식의 성명의 표시로 본다.

경우에 따라서는 성명외에 사회적 지위로 직업 등을 부기할 필요가 있을 수도 있을 것이다.

(4) 날인은 타인이 대신하여도 상관없다. 인은 반드시 인장

일 필요가 없으며, 무인으로도 무방하다.

(5) 자필증서에 문자의 삽입·삭제 또는 변경을 할 때에는 유
언자가 이를 자서하고 날인하여야 한다. 증서의 기재 자체로
보아 명백한 오기(誤記)를 정정함에 지나지 않는 경우에는 그
정정부분에 날인을 하지 않았다고 하더라도 그 효력에 영향을
미치지 않는다(대판 1998. 5. 29. 97다38053).

◆ 유언의 방식 : 녹음에 의한 유언

제1067조【녹음에 의한 유언】
녹음에 의한 유언은 유언자가 유언의 취지, 그 성명과 년월일
을 구술하고 이에 참여한 증인이 유언의 정확함과 그 성명을
구술하여야 한다.

■ [요약] 1067. 녹음에 의한 유언

·장점 : 유언자의 육성을 사후에도 그대로 보존할 수 있고 녹음기만 있으면 간편하게 할 수 있
다.
·단점 : 녹음된 것이 잘못하면 소멸되어 버리는 흠이 있다.
·요건 : 유언자가 유언의 취지, 그 성명과 연월일을 구술하고 이에 참여한 증인이 유언의 정확
함과 그 성명을 구술하는 것이다.

녹음에 의한 유언의 요건은 유언자가 유언의 취지, 그 성명
과 연월일을 구술하고 이에 참여한 증인이 유언의 정확함과
그 성명을 구술하는 것이다(제1067조).

이 방식의 유언은 문명의 이기를 사용하는 유언의 방식으로
서 유언자의 육성을 사후에도 그대로 보존할 수 있다는 점과
녹음기만 있으면 언제 어디서나 누구라도 간편하게 유언할 수

있는 장점이 있으나, 녹음된 것이 자칫 잘못하면 소멸되어 버리는 단점이 있다.

피성년후견인이 그 의사능력이 회복되어 녹음에 의한 유언을 할 때에는 의사는 심신회복의 상태를 녹음기에 구술하는 방법으로 하여야 할 것이다.

◈ 유언의 방식 : 공정증서에 의한 유언

제1068조【공정증서에 의한 유언】
공정증서에 의한 유언은 유언자가 증인 2인이 참여한 공증인의 면전에서 유언의 취지를 구수하고 공증인이 이를 필기낭독하여 유언자와 증인이 그 정확함을 승인한 후 각자 서명 또는 기명날인하여야 한다.

■ [요약] 1068. 공정증서에 의한 유언

·자기가 유언증서를 작성하지 않아도 할 수 있는 유언의 방식
·요건 : ① 증인 2인의 참여가 있을 것
　　　　② 유언자가 공증인의 면전에서 유언의 취지를 구술할 것
　　　　③ 공증인이 유언자의 구술을 필기하여 이것을 유언자의 증인앞에서 낭독할 것
　　　　④ 유언자와 증인이 필기가 정확함을 승인한 후 각자 서명 또는 기명날인할 것
·공증인은 그 사무소에서 직무를 행하는 것이 원칙이지만(공증인법 §17), 유언의 경우에는 그 적용이 없으며(공증인법 §56), 따라서 공정증서에 의한 유언을 작성할 경우에는 출장을 요구할 수도 있다.
·관련법조 : [공증인] 공증인법 §2, §11, [공정증서에 의한 유언작성] 공증인법 §25, §39, §56, §17②, [공정증서와 참여인] 공증인법 §29, [공증인의 진술녹음, 증서작성방법] 공증인법 §34 이하, [재외국민의 공증특칙] 재외공관공증법

공정증서에 의한 유언이 유효하기 위해서는 다음의 요건을

갖추어야 한다.

(1) 증인 2인의 참여가 있을 것

반드시 2인이어야 하고 증인이 한 사람밖에 참여하지 않았을 때에는 그 유언은 무효이다.

(2) 유언자가 공증인의 면전에서 유언의 취지를 구술할 것

구수는 유언자가 유언의 취지를 구술하는 것이다.

적법한 구수가 있었는가는 특히 공증인의 필기와의 관계에서 문제가 된다. 구수가 없었다고 판단되면 그 유언은 물론 무효이다.

원칙적으로 유언자가 구술한 것을 그대로 공증인이 필기하여야 한다. 그러나 유언자의 구수가 확실하지 않으면, 공증인이 질문하는 것은 허용된다. 그리고 이에 대한 유언자의 응답의 취지를 필기하여야 한다. 단 공증인의 질문이 유도적이거나 유언자의 응답이 불확실한 경우에는 구수가 있었다고 할 수 없을 것이다.

(3) 공증인이 유언자의 구술을 필기하여, 이를 유언자와 증인 앞에서 낭독할 것

공증인이 미리 유언자가 작성한 문안(文案)을 받고 유언자가 구수하는 것을 들은 다음 이것으로써 필기에 갈음하는 것과 같이, 구술과 필기가 앞뒤로 바뀌어도 상관없다고 본다. 다만 판례는 "유언의 내용을 친족 중의 한 사람이 공증인에게 말하면, 공증인이 유언자에게 그 취지를 말하여 주고 '그렇습니까?' 라고 물으면 유언자는 말은 하지 않고 고개만 끄덕끄덕하여, 이 내용을 공증인의 사무원이 필기하고 공증인이 낭독하는 방식으로 작성한 것은 유언자가 공증인에게 구수한 것으로 볼

수 없다"고 한다(대판 1980. 12. 23. 80므18).

(4) 유언자와 증인이 필기가 정확함을 승인한 후 각자 서명 또
는 기명날인할 것

유언자 및 증인은 유언서의 기재가 정확함을 승인하여야 한다.
그리고 이 승인 후 각자 서명 또는 기명·날인하여야 한다. 이
경우 유언자는 반드시 본인이 기명·날인하지 않아도 무방하나,
증인의 경우는 반드시 본인이 하여야 한다. 서명할 수 없는 자
는 실제상 증인이 될 수 없기 때문이다.

공증증서 유언은 이상의 절차를 밟으면 유효하게 성립한다.
공증인법에는 이외에 증서작성의 절차에 대해 상세하게 규정
하고 있으나, 이러한 요건을 모두 갖추지 않더라도 상기의 절
차에 따르고 있는 이상 유언은 유효하다.

◙ 핵심판례 ◙

■ [공정증서에 의한 유언]

1. 민법 제1068조 소정의 '공정증서에 의한 유언'이 유효하기 위한
   요건

　가. 민법 제1060조는, "유언은 본법의 정한 방식에 의하지
아니하면 효력이 발생하지 아니한다."고 규정하여 유언에
관하여 엄격한 요식성을 요구하고 있는바, 민법이 유언의
한 방식으로 규정하고 있는 제1068조 소정의 '공정증서에
의한 유언'이 유효하기 위해서는 ① 증인 2인의 참여가 있
을 것, ② 유언자가 공증인의 면전에서 유언의 취지를 구수
(구수)할 것, ③ 공증인이 유언자의 구수를 필기해서 이를

유언자와 증인에게 낭독할 것, ④ 유언자와 증인이 공증인의 필기가 정확함을 승인한 후 각자 서명 또는 기명날인할 것 등을 필요로 한다.

　나. 공정증서에 기재된 내용과 같은 유언의 구수가 있었는지에 관하여 강력한 의심이 들뿐만 아니라, 유언의 구수가 있었다고 하더라도 '공증인이 유언자의 구술을 필기해서 이를 유언자와 증인에게 낭독할 것'과 '유언자와 증인이 공증인의 필기가 정확함을 승인할 것'이라는 요건을 갖추지 못하였고, '유언자가 서명 또는 기명날인할 것'이라는 요건도 갖추지 못하여 민법 제1068조 소정의 '공정증서에 의한 유언'의 방식에 위배되었다는 이유로 공정증서에 의한 유언을 무효이다(대판 2002. 10. 25. 2000다21802).

2. 유언집행자가 유언에 참여하는 증인이 될 수 있는지 여부

　공정증서에 의한 유언에 있어서는 2인 이상의 증인이 참여하여야 하는데, 유언에 참여할 수 없는 증인결격자의 하나로 민법 제1072조 제1항 제3호가 규정하고 있는 '유언에 의하여 이익을 받을 자'라 함은 유언자의 상속인으로 될 자 또는 유증을 받게 될 수증자 등을 말하는 것이므로, 유언집행자는 증인결격자에 해당한다고 볼 수 없다(대판 1999. 11. 26. 선고 97다57733).

3. 공증업무를 취급하는 변호사가 반혼수상태로 병원에 입원중인 유언자에게 유언취지를 묻자 유언자가 고개를 끄덕거린 것만으로 민법 제1068조 소정의 공정증서가 작성된 것이라고 볼 수 없으므로 그 유언은 무효라고 한 사례

　공증업무를 취급하는 변호사가 반혼수상태로 병원에 입원

중인 유언자에게 유언취지를 묻자 유언자가 고개를 끄덕거
린 것만으로 민법 제1068조 소정의 공정증서가 작성된 것
이라고 볼 수 없으므로 그 유언은 무효라고 한 사례(1993. 6. 8.
제2부 판결 92다8750 유언무효).

▣ 핵심판례 ▣

■ [유언공정증서무효확인]

1. 유언자의 진정한 의사에 합치하지만 민법상의 요건과 방식에
어긋나는 유언의 효력(무효) 및 공증인이 유언자의 의사에 따
라 유언의 취지를 서면으로 작성하고 그 서면으로 유언자에게
질문하여 진의를 확인한 다음 필기된 서면을 낭독하여 준 방식
이 민법 제1068조에 정한 '유언취지의 구수'의 요건을 갖춘 것
인지 여부(적극)

가. 제1점에 대하여

민법 제1065조 내지 제1070조가 유언의 방식을 엄격하게
규정한 것은 유언자의 진의를 명확히 하고 그로 인한 법적
분쟁과 혼란을 예방하기 위한 것이므로, 법정된 요건과 방
식에 어긋난 유언은 그것이 유언자의 진정한 의사에 합치
하더라도 무효이고, 민법 제1068조 소정의 '공정증서에 의
한 유언'은 유언자가 증인 2인이 참여한 공증인의 면전에
서 유언의 취지를 구수하고 공증인이 이를 필기낭독하여
유언자와 증인이 그 정확함을 승인한 후 각자 서명 또는
기명날인하여야 하는바, 여기서 '유언취지의 구수'라 함은
말로써 유언의 내용을 상대방에게 전달하는 것을 뜻하므로

이를 엄격하게 제한하여 해석하여야 할 것이지만, 공증인이
유언자의 의사에 따라 유언의 취지를 작성하고 그 서면에
따라 유언자에게 질문을 하여 유언자의 진의를 확인한 다
음 유언자에게 필기된 서면을 낭독하여 주었고, 유언자가
유언의 취지를 정확히 이해할 의사식별능력이 있고 유언의
내용이나 유언 경위로 보아 유언 자체가 유언자의 진정한
의사에 기한 것으로 인정할 수 있는 경우에는, 위와 같은
'유언취지의 구수' 요건을 갖추었다고 보아야 한다 (대법원 2007.
10. 25. 선고 2007다51550, 51567 판결 참조). (대법원 2008.8.11. 선고 2008다1712 판결)

◈ 비밀문서에 의한 유언의 방식 : 비밀증서에 의한 유언

제1069조 【비밀증서에 의한 유언】
① 비밀증서에 의한 유언은 유언자가 필자의 성명을 기입한
증서를 엄봉날인하고 이를 2인이상의 증인의 면전에 제출하여
자기의 유언서임을 표시한 후 그 봉서표면에 제출 년월일을
기재하고 유언자와 증인이 각자 서명 또는 기명날인 하여야
한다.
② 전항의 방식에 의한 유언봉서는 그 표면에 기재된 날로부
터 5일내에 공증인 또는 법원서기에게 제출하여 그 봉인상에
확정일자인을 받아야 한다.

■ [요약] 1069. 비밀증서에 의한 유언

·유언자가 필자의 성명을 기입한 증서를 엄봉, 날인하고 이를 2인 이상의 증인의 면전에 제출하여 자기의 유언서인 것을 표시한 후 봉서표면에 제출연월일을 기재하고 유언자와 증인이 각자 서명 또는 기명하고 날인하는 방식이다

·요건 : ① 유언자가 필자의 성명을 기입한 증서를 엄봉날인할 것

② 엄봉한 날인증서를 2인 이상의 증인의 면전에 제출하여 자기의 유언서임을 표시할 것

③ 봉서표면에 유언서의 제출연월일을 기재하고 유언자와 증인이 각자 서명 또는 기명, 날인할 것

④ 비밀증서에 의한 유언봉서는 그 표면에 기재된 날로부터 5일내에 공증인 또는 가정법원서기에게 제출하여 그 봉인상에 확정일자인을 받을 것

·관련법조 : [공증인과 인증] 공증인법 §57˜§62, [공증인] 공증인법 §2, §11

유언자가 필자의 성명을 기입한 증서를 엄봉날인하고 이를 2인 이상의 증인의 면전에 제출하여 자기의 유언서임을 표시한 후 그 봉서표면에 제출 연월일을 기재하고 유언자와 증인이 각각 서명 또는 기명날인하여 작성한 것을 비밀증서에 의한 유언이라 한다.

이 방식의 유언은 다음과 같은 순서와 절차에 의하여 성립한다.

(1) 유언자가 필자의 성명을 기입한 증서를 엄봉·날인할 것.

유언자는 증서 그 자체를 자서할 필요가 없으며, 연월일·주소의 기재도 필요하지 않는다. 다만 필자의 성명을 반드시 기입하여야 한다. 증서의 전문과 연월일, 주소, 성명도 자서하고 날인함으로써 자필증서의 방식에 적합한 때에는 비밀증서로서의 방식에 흠결이 있는 경우라도 자필증서로서 유효하게 된다(제1071조).

(2) 엄봉한 날인증서를 2인 이상의 증인의 면전에 제출하여 자기의 유언서임을 표시할 것.

(3) 봉서표면에 유언서의 제출 연월일을 기재하고 유언자와 증인이 각자 서명 또는 기명날인할 것.

(4) 비밀증서에 의한 유언봉서는 그 표면에 기재된 날로부터 5일 내에 공증인 또는 법원서기에게 제출하여 그 봉인상에 확정일자를 받을 것.

① 유언서의 유언자가 자서한 것은 물론 타인이 대필한 것, 타이프라이터, 맹인용 점자기를 사용한 유언도 유효하다.

② 유언서의 엄봉·날인은 유언자 자신이 하여야 한다. 봉인에는 증서에 사용한 것과 동일한 인장을 사용하여야 하며, 서로 다른 인장을 사용한 유언은 무효이다.

③ 공증절차는 공정증서유언의 경우와 거의 비슷하다.

④ 유언서의 가제정정 등의 변경은 자필증서유언에 준한다고 해석하여야 할 것이다(제1066조 2항 참조).

⑤ 그 밖에 증인에 관하여는 전술한 공정증서에 의한 유언의 경우의 증인과 같은 제한이 있다(제1072조).

◈ 구수증서에 의한 유언의 방식 : 구수증서에 의한 유언

제1070조 【구수증서에 의한 유언】

① 구수증서에 의한 유언은 질병 기타 급박한 사유로 인하여 전4조의 방식에 의할 수 없는 경우에 유언자가 2인이상의 증인의 참여로 그 1인에게 유언의 취지를 구수하고 그 구수를 받은 자가 이를 필기낭독하여 유언자의 증인이 그 정확함을 승인한 후 각자 서명 또는 기명날인하여야 한다.

② 전항의 방식에 의한 유언은 그 증인 또는 이해관계인이 급

박한 사유의 종료한 날로부터 7일내에 법원에 그 검인을 신청하여야 한다.

③ 제1063조 제2항의 규정은 구수증서에 의한 유언에 적용하지 아니한다.

■ [요약] 1070. 구수증서에 의한 유언

·이것은 질병 기타 급박한 사유로 인하여 앞의 4가지 유언의 방식에 의하여 유언을 할 수 없는 특별한 경우에만 인정되는 방식이다.

·요건 : ① 질병 기타 급박한 사유로 인하여 다른 방식에 의한 유언을 할 수 없을 것

　　② 2인 이상의 증인의 참여로 그 1인에게 유언의 취지를 구수하여야 할 것

　　③ 구수를 받은 자가 이를 필기, 낭독하여 유언자와 증인이 그 정확함을 승인한 후 각자가 서명 또는 기명, 날인할 것

　　④ 구수증서에 의한 유언은 그 증인 또는 이해관계인이 급박한 사유가 종료한 날로부터 7일 이내에 가정법원에 그 검인을 신청할 것

　　⑤ 피성년후견인이 구수증서에 의한 유언을 하는 경우에는 그 의사능력이 회복되어야 한다.

·관련법조 : [검인절차] 가소 §2① 라류사건 36호

구수증서에 의한 유언은 질병 기타 급박한 사유로 인하여 전4조의 제방식으로 유언할 수 없는 특별한 경우에만 인정되는 유언의 방식으로서, 유언자가 2인 이상의 증인의 참여로 그 1인에게 유언의 취지를 구수하고 그 구수를 받은 자가 이를 필기·낭독하여 유언자와 증인이 그 정확함을 승인한 후 각자 서명 또는 기명날인함으로써 성립하는 유언이다.

(1) 질병 기타 급박한 사유로 인하여 다른 방식에 의한 유언을 할 수 없어야 한다. 「기타 급박한 사유」란 예컨대 유언자가 전염병으로 인하여 교통이 차단된 장소에 있는 경우, 종군 중인 경우, 부상당한 경우, 조난당한 선박 중에 있는 경우 등

이다.

(2) 2인 이상의 증인의 참여가 있어야 하고, 유언자는 그 1인에게 유언의 취지를 구수하여야 한다. 따라서 증인이 1인밖에 참여하지 아니한 유언은 무효이다.

(3) 구수를 받은 자가 이를 필기·낭독하고, 유언자와 증인이 그 정확함을 승인한 후 각자가 서명 또는 기명하고 날인하여야 한다.

(4) 구수증서의 방식에 의한 유언은 그 증인 또는 이해관계인의 급박한 사유가 종료한 날로부터 7일 이내에 가정법원에 검인을 신청하여야 한다.

가정법원은 이 검인을 심판으로써 한다(가소 제2조 1항 라류 36호). 이 경우 가정법원의 검인은 유언의 진부에 관하여 되도록 빨리 심사하여 두고자 하는 취지에 지나지 않기 때문에 가정법원의 검인을 거쳤다 하더라도 유언의 무효확인을 청구할 수 있다. 가정법원의 검인심판은 유언의 유효여부를 판단하는 심판이 아니라 단순히 유언의 진부를 판단하는 심판이기 때문이다.

(5) 피성년후견인이 구수증서에 의한 유언을 하는 경우에 있어서도 그 의사능력이 회복되어 있어야 하지만(제1063조 1항), 의사가 심신회복의 상태를 유언서에 부기하고 서명·날인하여야 하는 것을 그 요건으로 하지는 않는다(제1070조 3항에 의한 제1063조 2항의 준용). 이러한 경우까지 예외없이 의사가 참여하여야 한다면 사실상 유효한 유언성립은 거의 불가능하게 되기 때문이다.

■ **핵심판례** ■

■ [구수증서에 의한 유언]

1. 갑이 병원에서 비서로 하여금 유언을 받아쓰게 하여 유언서를 작성하고 사망한 후 갑의 처의 촉탁으로 합동법률사무소에서 정서된 유언서에 대하여 인증을 받았다면 갑의 유언은 민법 제1070조 제1항 소정의 구수증서에 의한 유언이라 할 것인데 같은조 제2항의 기간 내에 법원의 검인을 받았다고 볼 증거가 없어 그 효력이 없다고 한 사례

   갑이 입원하고 있던 병원에서 그가 대표이사로 재직하던 회사의 부사장과 비서인 을을 참석하게 하여 을로 하여금 계쟁토지를 병의 단독 소유로 한다는 등의 유언을 받아쓰게 하여 유언서를 작성한 후 갑이 사망하자 을은 그 사망 직후 같은 회사 직원으로 하여금 위 유언서를 정서하게 하였고 정서된 유언서는 합동법률사무소에서 갑의 처의 촉탁에 의하여 그 사본이 원본과 상위 없다는 내용의 인증을 받은 경우 갑의 유언은 민법 제1070조 제1항에 정한 구수증서에 의한 유언인데 같은 조 제2항에 따라 유언의 증인 또는 이해관계인이 급박한 사정이 종료한 날로부터 7일 이내에 법원의 검인을 받았다고 인정할 증거가 없어 갑의 유언은 그 효력이 없다고 한 사례(1992. 7. 14. 제2부 판결 91다39719 소유권지분이전등기).

2. 가. 유언자의 진정한 의사에 합치하나 민법 제1065조 내지 제1070조에 정해진 요건과 방식에 어긋나는 유언의 효력(무효)

   민법 제1065조 내지 제1070조가 유언의 방식을 엄격하게

규정한 것은 유언자의 진의를 명확히 하고 그로 인한 법적 분쟁과 혼란을 예방하기 위한 것이므로, 법정된 요건과 방식에 어긋난 유언은 그것이 유언자의 진정한 의사에 합치하더라도 무효라고 하지 않을 수 없다.

나. 증인이 제3자에 의하여 미리 작성된, 유언의 취지가 적혀 있는 서면에 따라 유언자에게 질문을 하고 유언자가 동작이나 간략한 답변으로 긍정하는 방식이 민법 제1070조에서 정한 '유언취지의 구수'에 해당하는지 여부

민법 제1070조 소정의 '구수증서에 의한 유언'은 유언자가 2인 이상의 증인의 참여로 그 1인에게 유언의 취지를 구수하고 그 구수를 받은 자가 이를 필기낭독하여 유언자와 증인이 그 정확함을 승인한 후 각자 서명 또는 기명날인하여야 하는 것인바, 여기서 '유언취지의 구수'라 함은 말로써 유언의 내용을 상대방에게 전달하는 것을 뜻하는 것이므로, 증인이 제3자에 의하여 미리 작성된, 유언의 취지가 적혀 있는 서면에 따라 유언자에게 질문을 하고 유언자가 동작이나 간략한 답변으로 긍정하는 방식은, 유언 당시 유언자의 의사능력이나 유언에 이르게 된 경위 등에 비추어 그 서면이 유언자의 진의에 따라 작성되었음이 분명하다고 인정되는 등의 특별한 사정이 없는 한 민법 제1070조 소정의 유언취지의 구수에 해당한다고 볼 수 없다.

다. 유언 당시에 자신의 의사를 제대로 말로 표현할 수 없는 유언자가 유언취지의 확인을 구하는 변호사의 질문에 대하여 고개를 끄덕이거나 "음", "어"라고 말한 것만으로는 민법 제1070조가 정한 유언의 취지를 구수한 것으로 볼 수 없다고 한

사례

유언 당시에 자신의 의사를 제대로 말로 표현할 수 없는 유언자가 유언취지의 확인을 구하는 변호사의 질문에 대하여 고개를 끄덕이거나 "음", "어"라고 말한 것만으로는 민법 제1070조가 정한 유언의 취지를 구수한 것으로 볼 수 없다고 한 사례(대법원 2006. 3. 9. 선고 2005다57899 판결).

◆ 비밀증서에 의한 유언이 그 방식에 흠결이 있는 경우에 자필증서에 의한 유언으로의 전환의 요건

제1071조 【비밀증서에 의한 유언의 전환】
비밀증서에 의한 유언이 그 방식에 흠결이 있는 경우에 그 증서가 자필증서의 방식에 적합한 때에는 자필증서에 의한 유언으로 본다.

■ [요약] 1071. 비밀증서에 의한 유언의 전환

·비밀증서에 의한 유언이 증서의 전문과 연월일, 주소, 성명도 자서하고 날인함으로써 자필증서의 방식에 적합한 때에도 비밀증서로서의 방식에 흠결이 있는 경우라도 자필증서로서 유효하게 된다.

유언자가 어느 사람에게도 유언의 내용을 비밀로 할 것을 바란 나머지 분실을 피하려고 한 경우에 자필증서유언으로서 요건을 구비하면서도 비밀증서로 하려는 경우가 있다. 이때 비밀문서에 의한 유언이 그 방식에 흠결이 있는 경우에도 그 증서가 자필증서의 방식에 적합할 때에는 자필증서에 의한 유언으로 본다. 이것은 이른바 무효행위의 전환의 일례이다.

자필증서유언으로 되기 위하여는 제1066조에서 말한 것처

럼 유언서전문과 연월일, 주소, 성명의 자서와 날인이 있어야 한다. 그런데 여기서 주의하여야 할 것은 비밀증서 자체에 연월일과 주소를 필요로 하지 않고 다만 봉서표면에 제출 연월일을 기재하게 된다. 따라서 전환의 경우 유언성립의 혼동을 가져올 우려가 있는데, 유언성립의 날은 유언서가 쓰여진 연월일이며, 봉서표면에 기재된 제출 연월일이 아니다.

◈ 유언에 참여하는 증인이 되지 못하는 자

제1072조 【증인의 결격사유】

① 다음 각호의 사항에 해당하는 자는 유언에 참여하는 증인이 되지 못한다.

  1. 미성년자

  2. 피성년후견인과 피한정후견인

  3. 유언에 의하여 이익을 받을 사람, 그의 배우자와 직계혈족

② 공정증서에 의한 유언에는 공증인법에 의한 결격자는 증인이 되지 못한다.[전문개정 2011.3.7] [시행일 2013.7.1]

■ [요약] 1072. 유언증인의 자격(결격자)

·미성년자

·피성년후견인과 피한정후견인

·유언에 의해 이익받을 자, 그 배우자의 직계혈족

·공정증서에 의한 유언의 경우 공증인법에 의한 결격자

·관련법조 : [공증인법에 의한 결격자] 공증인법 33③, [유언과 참여인] 공증인법 §29, §33, §56

본조는 유언의 증인의 결격사유에 관하여 규정하고 있다.

자필증서에 의한 유언을 제외하고 유언을 할 때에는 어떤 방식에 의하건 모두 증인의 참여를 요한다. 녹음에 의한 유언·공정증서에 의한 유언·비밀증서에 의한 유언·구수증서에 의한 유언 등을 법률상 유효하게 성립시키려면 1인 또는 그 이상의 증인의 참여가 필요하다(제1067조, 제1068조, 제1069조 제1070조 참조).

증인이 참여하지 아니한 유언은 방식의 위반으로서 무효가 된다. 이와 같이 증인의 참여는 유언의 성부에 관해 직접 영향을 미치는 중대한 의의를 가지고 있다. 증인은 유언의 내용을 인지하고 유언이 유언자의 진의에 기한 진정한 것임을 증명하는 것이므로, 증인은 유언서작성의 절차에 처음부터 끝까지 관여하여야 한다.

유언의 증인은 유언의 효력을 좌우하므로, 누구나 증인이 될 수는 없는 것이다. 그리하여 민법은 다음과 같은 사유가 있는 자에 대하여는 증인으로서의 자격을 부인하였다.

① 미성년자, ② 피성년후견인과 피한정후견인, ③ 유언에 의하여 이익을 받을 자, 그 배우자와 직계혈족, ④ 공정증서에 의한 유언에는 공증인법에 의한 실격자

①, ②가 증인으로서 부적당한 것은 당연하다. ③은 유언자체에 이해관계를 가지고 있기 때문에 결격자가 된 것이다.

④의 결격자를 세분하면 ㉠ 미성년자, ㉡ 공증인 결격자, ㉢ 서명할 수 없는 자, ㉣ 촉탁사항에 관하여 이해관계가 있는 자, ㉤ 촉탁사항에 관하여 대리인 또는 보조인이나 대리인 또는 보조인이었던 자, ㉥ 공증인이나 촉탁인 또는 그 대리인의 배우자, 친족 동거의 호주 또는 가족, 법정대리인, 피용자 또는

대리인, Ⓐ 공증인의 보조인 등이다.

이들은 ㉠㉡㉢을 제외하고는 유언의 비밀을 알고 있을 뿐만 아니라 공증인의 지휘에 따르거나 그 세력범위 내에 있는 자들이므로, 특별한 영향을 줄 우려가 있기 때문이다.

본조의 결격자의 열거는 한정적 열거이므로, 이 이외의 자는 누구라도 유언의 증인이 될 자격이 있다. 따라서 유언집행자도 증인으로서 참여할 수 있다. 결격자가 참여한 경우, 결격자 이외의 증인만으로는 법정수에 달하지 아니하면 그 유언 전부가 무효라고 해석하여야 할 것이다.

■ 핵심판례 ■

■ [증인의 결격사유]

공증참여자가 유언자와 친족의 관계에 있다 하여도 유언자의 청구에 의할 경우에는 공증인법에 의한 공증참여인 결격자가 아닌지 여부(적극)

민법 제1072조는 제1항에서 일반적으로 유언에 참여하는 증인이 될 수 없는 자를 열거하는 외에, 제2항에서 공정증서에 의한 유언의 경우에는 공증인법에 의한 참여인 결격자는 증인이 되지 못한다고 따로이 규정하고 있는바, 한편 공증인법 제33조 제3항은 본문에서 공증시 참여인이 될 수 없는 자의 하나로 공증촉탁인의 친족을 들면서도 단서에서 '공증촉탁인이 공증에 참여시킬 것을 청구한 경우'에는 예외적으로 같은 법 제33조 제3항 본문 규정의 적용이 배제됨을 규정하고 있어, 결국 공증참여자가 유언자와 친족의 관계에 있다 하더라도 유언자의 청구에 의할 경우에는 공증인법에 의한 공증참여인 결격자가 아니라고 보아야 할 것이다(1992. 3. 10. 제2부 판결 91다45509 소유권이전등기말소).

제 3 절 유언의 효력

이 절에서는 모든 유언에 통하는 사항으로 제1073조에 유언은 언제부터 효력이 있는가 하는 것을 정하고, 다음의 규정에서 유증은 어떠한 효력을 가지는가 하는 것을 규정하고 있다.

유증(legatum ; devise, legacy ; Vermächtnis ; legs)이란 유언자가 유언에 의하여 재산을 수증자에게 무상으로 증여하는 단독행위를 말한다. 유증에 의하여 재산을 받는 자를 수증자라 하며, 유증을 이행하는 상속인을 유증의무자라고 한다. 유증은 자유이므로 (1) 재산의 전부 또는 일부를 그 비율액(유산의 몇분의 몇)으로 증여하는 포괄적 유증과 (2) 특정한 재산을 증여하는 지정유증을 할 수있으며, 수증자를 각각 포괄적 수증자·특정수증자라고 한다. 또한 수증자에게 일정한 부담을 지우는 부담부유증도 가능하다. 포괄적 수증자는 재산상속인과 동일한 권리의무가 있으므로(제1078조), 포괄적 유증을 하면 유언에 의하여 정해진 비율의 상속분을 가지는 상속인이 1인 증가했다고 생각하면 된다.

◈ 상속회복청구권이 포괄적 유증의 경우에도 적용되는지

【질의】 ➡ 甲녀는 乙남과 수년간 동거하였으나 혼인신고를 하지 않았는데, 乙은 사망하기 전에 그의 사망 후 재산 중 3분의 1을 甲에게 증여하겠다는 유언공증을 해둔 후 사망하였습니다. 그런데 乙의 전처 소생인 상속인 丙과 丁은 乙이 사망하자마자 甲을 배제한 채 乙의 유산을 그들만이 상속하였습니다. 甲은 그러한 사실을 알고서도 乙이 사망한 후 5년이 지나도록 위 유산에 대하여 다투지 않았으나, 지금이라도 위 유산 중 甲의 몫을 찾을 수 있는지요?

【답변】 ➡ 찾을 수 없을 것으로 보입니다.

'포괄적 유증' 이란 상속재산의 전부 또는 일부를 그에 관한 권리와 의무를 일괄하여 유증하는 경우를 말하며, 유언에 의하여 상속재산의 전부라든가 또는 몇분의 1 이라든가를 증여하는 것을 말합니다.

포괄적수증자의 권리의무에 관하여 민법 제1078조에 의하면 "포괄적 유증을 받은 자는 상속인과 동일한 권리의무가 있다."라고 규정하고 있습니다. 그리고 상속회복청구권과 그 제척기간에 관하여 민법 제999조 제1항에 의하면 "상속권이 참칭상속권자로 인하여 침해된 때에는 상속권자 또는 그 법정대리인은 상속회복의 소를 제기할 수 있다."라고 규정하고 있으며, 민법 제999조 제2항 전문에서는 상속회복청구권은 그 침해를 안 날부터 3년을 경과하면 소멸된다고 규정하고 있습니다.

위 사안에서는 甲이 乙이 사망한 후 5년이 경과된 시점에서 乙의 유언에 의한 3분의 1 지분을 회복하고자 하는바, 이 경우에도 민법 제999조가 적용되는지 문제됩니다.

이에 관하여 판례를 보면, "상속인의 상속회복청구권 및 그 제척기간에 관하여 규정한 민법 제999조는 포괄적 유증의 경우에도 유추 적용된다."라고 하였습니다(대법원 2001. 10. 12. 선고 2000다22942 판결).

따라서 위 사안에서 甲은 乙의 상속인 丙과 丁이 甲의 유증분을 침해한 사실을 알고서도 5년이 지나도록 그 회복을 청구하지 않았으므로 지금에 이르러서 丙과 丁에게 甲의 지분의 반환을 청구하기는 어려울 것으로 보입니다. [법률구조공단자료. 참고만 하세요]

포괄적 유증의 효과는 다음과 같다.

(1) 상속인과 같이 유언자의 일신에 전속한 권리의무를 제외하고 그 재산이 속한 모든 권리의무를 승계한다(제1005조). 이 승계는 유언의 효력이 발생하는 동시에 당연히 생기고(물권적 효력) 유증의무자의 이행의 문제가 생기지 아니한다.

(2) 그리고 포괄적 수증자와 상속인, 포괄적 수증자와 다른 포괄적 수증자와의 사이에는 공동상속인 상호간에 있어서와 동일한 관계가 생긴다. 즉 상속재산의 공유관계가 생기고(제1006조, 제1007조), 분할의 협의를 하게 된다(제1013조 1항).

◎ 공동상속인의 일부가 상속등기에 협조하지 않는 경우

【답변】 ➡ 공동상속인 중 일부가 법정상속분에 따른 상속등
기에 협조하지 않는 경우에도 다른 상속인 일부가 공동
상속인 전원명의로 상속재산을 등기할 수 있느냐에 대하
여, 이를 공유물의 관리행위로 본다면 공유자 지분의 과
반수에 의해서만 청구할 수 있고, 공유물의 보전행위로
보면 공유자 각자가 단독으로 청구할 수 있을 것입니다
(민법 제265조, 96.2.9. 대법 94다61649).
　이 경우 법원의 등기실무는 상속등기를 하고자 하는
상속인 일부에 대한 상속등기를 할 는 없고, 상속등기
에 협력하지 않는 상속인을 포함하여 공동상속인 전원
의 법정상속분에 따른 상속등기를 인정하고 있습니다.
다만, 법정상속분과 다른 비율로 변경된 경우에는 공
동상속인 연명으로 작성 날인된 상속재산분할협의서와
인감증명서를 첨부하도록 하고 있습니다. [법률구조공단자료. 참고
만 하세요]

◎ 공동상속인의 일부가 행방불명된 경우의 상속등기

【답변】 ➡

　공동상속인 중 일부가 행방불명으로 주민등록이 말
소된 경우에는 법정상속분에 의한 상속등기신청에 한
하여 주민등록상 최후주소나 주민등록이 없는 경우에
는 이를 소명하고 가족관계등록부상 등록기준지를 그

주소지로 하여 재산상속등기의 신청을 할 수 있습니다.

상속등기를 신청할 경우에는 사망확인서와 상속권을 입증할 수 있는 가족관계증명서, 제적등본, 시·군·구청장 등이 발급하는 등록세영수필확인서, 국민주택채권매입필증, 토지대장, 임야대장, 건축물대장 및 토지가격확인원을 첨부하여야 하며, 협의분할에 의한 상속등기 신청시에는 상속재산협의분할계약서를 제출하여야 합니다. [법률구조공단자료. 참고만 하세요]

◎ 공동상속인이 그의 상속지분을 처분할 수 있는지

【답변】➡ 우리 민법상 재산상속인의 순위는 사망한 사람의 자녀, 부모, 형제자매, 4촌 이내의 방계혈족 순이며, 같은 순위의 상속인이 여러 명인 때에는 촌수가 가까운 사람을 선 순위로 하고, 같은 촌수의 상속인이 여러 명인 때에는 공동상속인이 됩니다. 또한 배우자는 사망한 자의 자녀 또는 부모와 같은 순위로 공동상속인이 된다고 규정하고 있습니다(민법 제1000조, 제1003조).

따라서 사망한 자의 배우자와 자녀사이, 자녀가 여러 명인 경우 그들 서로간에는 공동상속인이 되고, 이 경우 상속재산은 공유로 보며, 공동상속인은 각자의 상속분에 응하여 사망한 자의 권리의무를 승계하는 것이므로 그 공유재산에 대한 각자의 상속지분은 자유의사에 따라 처분할 수 있습니다(민법 제263조, 제1006조, 제1007조). [법률구조공단자료. 참고만 하세요]

◎ 공동으로 상속한 재산을 매수할 경우

【답변】 ➡ 여러 명의 상속인이 공동으로 상속한 재산은 공동상속인의 공유이고, 각자의 공유지분은 각 공유자의 자유의사에 따라 처분할 수 있으나, 공유물은 다른 공유자의 동의 없이 처분하지 못합니다(민법 제263조, 제264조, 제1006조).

따라서 공동상속재산에 관한 등기이전은 공동상속인 전부의 협력이 있어야 그 공유물의 소유권이전등기를 할 수 있으므로 공동상속인 전원의 동의 없이 일부 공유자와 매매계약을 체결한 경우에는 공유물 전부의 소유권이전등기를 할 수 없게 될 것입니다. [법률구조공단자료. 참고만 하세요]

◎ 공동상속인 중 주소불명인 자가 있는 경우 상속등기절차

【질의】 ➡ 저의 부친은 4년 전 임야 15,000평을 남기고 돌아가셨습니다. 공동상속인으로는 저, 어머니, 누나의 자녀 2명 등 총 4명인데, 누나는 부친이 돌아가시기 2년 전에 사망하였습니다. 그런데 누나의 직계비속 중 외국인과 결혼한 여자 1명이 외국으로 이민을 갔으나 현주소를 알 수 없습니다. 이 경우에 어떻게 상속등기를 할 수 있는지요?

【답변】➡ 이민간 재외기관의 확인서를 받아 신청하면 됩니다.

상속재산의 협의분할에 관하여 판례를 보면 "협의에 의한 상속재산의 분할은 공동상속인 전원의 동의가 있어야 유효하고 공동상속인 중 일부의 동의가 없거나 그 의사표시에 대리권의 흠결이 있다면 분할은 무효이다."라고 하였으며(대법원 2001. 6. 29. 선고 2001다28299 판결, 1990. 8. 27 예규번호: 등기선례3-392), 법원의 등기실무에서도 재산상속으로 인한 소유권이전등기신청시 상속을 증명하는 서면의 일부로서 공동상속인 연명으로 작성한 상속재산분할협의서를 첨부서류로 요구하고 있습니다.

그러므로 공동상속인 중 일부의 행방을 알 수 없는 경우에는 그 행방불명된 상속인에 대한 실종선고를 받지 않는 한 협의분할을 할 수 없지만, 공동상속의 경우 상속인 중 1인이 법정상속분에 의하여 나머지 상속인들의 상속등기까지 신청할 수 있고, 이러한 경우 등기신청서에는 상속인 전원을 표시하여야 합니다(1996. 10. 7. 등기선례5-276, 1996.10. 4 예규번호 : 등기선례5-275).

그런데 현행 부동산등기법은 상속등기시에 신청인의 주소를 증명하는 서면을 제출하게 하고 있으므로, 상속인 중 외국에 거주하는 자가 있는 경우 그 자의 주소를 증명하는 서면을 제출하지 아니하고는 상속등기신청을 할 수 없는데, '외국인및재외국민의국내부동산처분등에따른등기신청절차(2000. 4. 10. 등기예규 제992호)'에 따르면 '재외국민(대한민국에 현재하지 아니한 자로서 국외로 이주를 하여 주민등록이 말소되거나 처음부터 없는 자를 뜻하며, 단지 해외여행자는 이에 포함되지 않음)'의 주소를 증명하는 서면에 관하여 외국 주재 한국 대사관 또는 영사관에서 발행하는 재외국민거주사실증명 또는 재외국민등록부등본을 첨부해야 하고, 다만 주재국에 본국 대사관 등이 없어 그와 같은 증명을 발급 받을 수 없을 때에는 주소를 공증한 서면으로 갈음할 수 있으며, 재외국민이 귀국하여 국내 부동산을 처분하는 경우에 주소를 증명하는 서면은 국내거소신고사실증명으로도 가능하다고 하였습니다. 그러나 '외국인(대한민국의 국적을 보유하고 있지 아니한 자)'의 경우에 주소를 증명하는 서면에 관하여는 "①본국 관공서의 주소증명서 또는 거주사실증명서(예를 들어, 일본, 독일, 프랑스, 대만 등의 경우)를 첨부하여야 한다. ②본국에 주소증명서 또는 거주사실증명서를 발급하는 기관이 없는 경우(예를 들어, 미국, 영국 등의 경우)에는 주소를 공증한 서면을 첨부하여야 한다. 다만, 이 경우에도 주소증명서에 대신할 수 있는 증명서(예컨대, 운전면허증 또는 신분증 등)를 본국 관공서에서 발급하는 경우, 관할등기소의 등기관에게 그 증명서 및 원본과 동일하다는 취지를 기재한 사본을 제출하여 원본과 동일함을 확인 받은 때 또는 그 증명서의 사본에 원본과 동일하다는 취지를 기재하고 그에 대하여 본국 관공서의 증명이나 공증인의 공증 또는 외국 주재 한국대사관이나 영사관의 확인을 받은 때에는 그 증명서의 사본으로 주소를 증명하는 서면에 갈음할 수 있다."라고 하였습니다.

위 사안은 귀하의 사망한 누님의 상속분을 직계비속 2명이 대습상속(代襲相續)을 하는데, 그 중 외국인과 결혼하여 이민간 1인의 소재를 알 수 없어 그 주소를 증명하는 서면을 첨부할 수 없다는데 상속등기의 어려움이 있습니다.

그런데 대위상속등기의 경우 등기선례를 보면, "공동상속인중 다른 1인이 재외국민이어서 그의 현주소를 알 수 없을 때에는 그 상속인의 주소를 증명하는 서면으로서 재외국민거주사실증명 등의 서면 대신 국외 이주되어 말소된 주민등록표등본을 제출하고 그 주민등록표등본에 나타나는 최후의 주소를 그 상속인의 주소지로 할 수 있다고 생각되나, 이 경우 위 재외국민인 상속인의 현주소를 알 수 없다는 사실은 신청인이 제출한 소명자료에 의하여 당해 등기공무원이 판단할 사항이다."라고 하였으므로(1994. 6. 3. 등기선례4-148 등기선례4-268), 귀하는 누나의 직계비속이 이민간 국가에 주재한 우리 대사관 또는 영사관측에서 소재를 확인할 수 없다는 확인서를 발급 받아 법정상속분에 의한 상속등기신청을 하면 당해 등기공무원의 판단하에 상속등기가 가능할 수도 있을 듯합니다. [법률구조공단자료. 참고만

◈ 공동상속인 중 1인의 행방불명시 소유권이전등기 방법

> **【질의】➡ 저는 甲과 그 외 5인이 공동상속인으로 되어 있는 가옥을 매수하기로 甲과 계약을 체결하고, 그 대금으로 2,500만원을 지급한 다음 甲에게 등기이전을 요구하였더니 甲은 공동상속인 중 한 사람인 乙이 행방불명되어 등기이전을 해줄 수 없다고 합니다. 그런데 저는 이 집을 인도 받아 살고 있으며, 꼭 이 집을 등기이전 받고 싶은데 어떤 방법이 있는지요?**

【답변】➡ 실종선고를 신청하여야 합니다.

매매에 의한 부동산에 대한 소유권이전등기는 등기의무자(공동상속인)와 등기권리자(귀하)가 공동하여 신청하여야 하기 때문에(부동산등기법 제28조), 공동상속재산에 관한 등기이전은 공동상속인 전부의 협력이 있어야 귀하에게 완전한 소유권이전등기가 될 수 있습니다.

왜냐하면 상속재산은 공동상속인의 공유이고, 공유물의 처분에는 다른 공유자 전부의 동의를 얻어야 하기 때문입니다(민법 제264조).

따라서 귀하가 위 가옥의 완전한 소유권을 취득하기 위해서는 공동상속인 전원의 동의가 필요한데, 매도인인 공동상속인 중 행방불명자 乙이 있으므로 현재로서는 행방불명된 사람의 상속지분을 제외한 나머지의 지분을 이전 받을 수밖에 없을 것입니다.

　그런데 민법 제27조에 의하면 "①부재자의 생사가 5년 간 분명하지 아니한 때에는 법원은 이해관계인이나 검사의 청구에 의하여 실종선고를 하여야 한다. ②전지(戰地)에 임한 자, 침몰한 선박 중에 있던 자, 추락한 항공기 중에 있던 자 기타 사망의 원인이 될 위난을 당한 자의 생사가 전쟁종지 후 또는 선박의 침몰, 항공기의 추락 기타 위난이 종료한 후 1년 간 분명하지 아니한 때에도 제1항과 같다."라고 규정하고 있으며, 민법 제28조에 의하면 "실종선고를 받은 자는 전조(前條)의 기간이 만료한 때에 사망한 것으로 본다."라고 규정하고 있습니다.

　그러므로 행방불명된 乙에 대하여 위와 같은 실종선고의 요건이 갖추어져 이해관계인(乙의 법률상 사망으로 인하여 직접적으로 신분상 또는 경제상의 권리를 취득하거나 의무를 면하게 되는 사람: 대법원 1986. 10. 10.자 86스20 결정) 또는 검사의 청구에 의하여 실종선고가 된다면 乙이 사망한 것으로 간주되어 위 가옥 중 乙의 지분이 乙의 상속인들에게 다시 상속지분별로 상속될 것이므로, 그들로부터 그들의 각 지분의 등기명의이전에 관하여 협력을 받아 위 가옥 중 乙의 지분에 해당하는 부분의 공유지분권이전등기를 할 수는 있을 것입니다. [법률구조공단자료. 참고만 하세요]

◈ 공동상속인 1인이 자기의 지분에 근저당을 설정할 수 있는지

【질의】 ➡ 저는 아버지의 유산을 어머니, 형제 2명과 공동으로 상속하였습니다. 얼마 전 등기부등본을 확인해보니 형님이 자기지분에 저당권을 설정하고 돈을 빌렸습니다. 형님의 행위가 적법한지요?

【답변】 ➡ 적법합니다.

공동상속인은 각자의 상속분에 응하여 피상속인의 권리의무를 승계하나(민법 제1007조), 분할할 때까지는 상속재산을 공유로 한다고 규정하고 있습니다(민법 제1006조).

상속재산의 공유의 성질에 관하여 합유설과 공유설이 있습니다.

합유설에 의하면 상속지분은 합유가 되어 개개의 상속재산에 대한 지분은 처분이 불가하며, 채권채무는 분할될 때까지 공동상속인에게 연대적으로 귀속되지만, 공유설에 의하면 각자 개개의 상속재산에 대하여 상속분에 따라 물권적 지분을 가지고 그 지분을 양도 및 용익물권(用益物權)의 설정도 무방합니다.

합유설은 상속인의 의사에 충실하는 것이 되며, 공유설은 제3자의 거래안전보호를 목적으로 하고 있습니다. 위의 두 학설에서 우리 민법은 상속을 가산의 승계로 보지 않고, 개인적으로 각 상속인에게 재산이 취득

되는 원인으로 보기 때문에 공유설이 다수설이며 판례의 태도이기도 합니다.

따라서 상속재산을 공유로 본다면 공유는 공유지분의 처분을 공유자의 자유의사에 맡기기 때문에 형님의 저당권설정행위는 적법하다고 볼 수 있습니다. [법률구조공단자료. 참고만 하세요]

(3) 유증의 승인·포기에 관하여도 재산상속의 단순 또는 한정승인·포기에 관한 규정(제1019조 이하)이 적용되므로 단순 또는 한정의 승인·포기를 할 필요가 있고, 이것을 가정법원에 신고하지 않으면 단순한 포괄적 유증승인이 있은 것으로 보게 된다. 이와 같이 포괄적 수증자의 권리의무의 내용에 있어서는 상속인과 거의 차이가 없다. 그러나 수증자가 상속개시 전에 사망한 경우에는 원칙적으로 유증이 실효되므로 대습상속이 인정되지 않는다는 점이 상속과 다르다.

◘ 아버지가 할아버지 보다 먼저 사망한 경우 대습상속권

【답변】 ➡ 대습상속(代襲相續)이란 상속인이 될 직계비속 또는 형제자매가 상속개시 전에 사망 또는 결격자가 된 경우, 사망한 자의 직계비속이 있는 때에는 그 직계비속이 사망하거나 결격된 자의 순위에 갈음하여 상속인이 되는 것을 말합니다. 예를 들면 아버지가 할아버지보다 먼저 사망한 후 할아버지가 사망하였을 때에는 할아버지의 재산 중 원래 아버지가 받을 상속분만큼을 손자가 대신 상

속받게 되는 것입니다(민법 제1001조, 제1003조 제2항, 제1006조). [법률구조공단자료. 참고만 하세요]

　수증자란 유언에 의한 증여(유증)를 받는 자를 말한다. 자연인뿐만 아니라 법인도 수증자가 될 수 있다. 상속인과 동일한 결격사유가 인정된다(제1064조, 제1004조). 또 수증자는 유언의 효력을 발생한 때(유언자가 사망한 때)에 생존해 있어야 한다. 유언자의 사망 전에 수증자가 사망한 경우에는 수증자인 지위의 승계(일종의 대습수증)는 인정되지 아니하므로 결국 유증은 그 효력이 생기지 아니한다(제1089조 1항). 그러나 유언 중에 특히 수증자의 상속인의 승계는 인정한다는 뜻을 표시하고 있으며(보충유증) 그것에 따른다. 또 태아는 유증에 있어서도 이미 출생한 것으로 보게 된다(제1064조, 제988조). 따라서 태아에게 유증할 수도 있다. 수증자에는 포괄적 유증을 받는 포괄적 수증자와 특정유증을 받는 특정수증자가 있다. 수증자에게 인도할 때까지 유증의 목적물은 상속인이 점유·관리하게 되는데 이 때에도 상속인이 그것을 사용·수익하는 것은 허용되지 아니한다(제1080조 이하). 또 특정수증자는 상속인에 대하여 유언자의 사망 후에 언제든지 유증을 승인 또는 포기할 수 있고(제1074조 1항), 승인이나 포기는 유언자의 사망시에 소급하여 효력이 생긴다(제1074조 2항). 그 외에 수증자에게 채무를 지우는 부담부유증의 제도가 있으며(제1088조), 이 경우에는 부담시킨 채무를 이행하지 않으면 유증이 취소될 수가 있다.

◈ 유언의 효력발생시기

제1073조 【유언의 효력발생시기】

① 유언은 유언자가 사망한 때로부터 그 효력이 생긴다.

② 유언에 정지조건이 있는 경우에 그 조건이 유언자의 사망 후에 성취한 때에는 그 조건성취한 때로부터 유언의 효력이 생긴다.

■ [요약] 1073. 유언의 효력발생시기

·사망한 때부터

·조건 또는 기한이 있는 유언 : ① 정지조건이 있는 유언 – 조건이 사망후에 성취된 경우 조건성취 때부터

② 기한이 있는 유언 – 기한의 도래시

·관련법조 : [준거법] 국제사법 §27①, [경과규정] 부칙 §26

유언은 유언자가 사망한 때로부터 그 효력이 생긴다. 즉 유언자가 그의 생전에 일정한 방식에 따라서 의사표시를 한 때에는 유언으로서 성립은 하지만, 유언자의 생전에는 아무런 효력이 발생하지 아니하므로, 유언자의 생전에는 유언의 효력을 다툴 수 없을 것이다.

유언자의 사후의 법률관계를 본인의 의사표시에 따라 규율하려는 제도의 취지에서 보더라도 그 이전에는 아무런 효력도 인정할 필요가 없기 때문이다.

유언은 그 내용이 신분에 관한 행위인 경우와 같이, 그 성질이 허용하지 않는 경우를 제외하고는 조건이나 기한이 있어도 무방하다.

유증은 유언에 의한 행위이므로, 유언자가 사망한 때로부터

그 효력이 발생하는 것이 보통이나, 정지조건부유증인 경우에
는 유언자의 사망후에 그 조건에 성취한 때로부터 유언의 효
력이 생긴다. 정지조건이 있는 유언이란 것은, 예컨대 아무개
가 혼인할 때에는 특정의 부동산을 준다는 것과 같은 경우이
다.

정지조건부유증인 경우에, 그 조건이 유언자 사망 후에 성취
된 때에는 그 조건이 성취한 때로부터 유언의 효력이 생긴다
고 규정하고 있으나 이는 정확하지 않다. 이 경우에도 유언은
유언자 사망시에 효력이 생기고, 수증자는 정지조건부권리를
취득하는 것이다.

해체조건이 있는 유언에 관하여 명문의 규정이 없으나 유언
에 해제조건이 있으면 유언은 유언자가 사망한 때로부터 효력
이 생기며, 그 조건이 사망후에 성취하였을 때에는 조건이 성
취할 때부터 효력을 잃는다고 보아야 한다.

◆ 유증의 승인, 포기

제1074조 【유증의 승인, 포기】
① 유증을 받을 자는 유언자의 사망후에 언제든지 유증을 승
인 또는 포기할 수 있다.
② 전항의 승인이나 포기는 유언자의 사망한 때에 소급하여
그 효력이 있다.

■ [요약] 1074. 유증의 승인, 포기의 자유

·시기, 방법에 제한이 없다.
·일부포기도 가능
·무능력자 보호(§5, §10, §13, §950), 법정대리인 가능
·채권자 대위권, 취소권, 추인권의 객체

1. 유증은 단독행위이므로, 수증자는 그것을 승인하여야 할 의무는 없으며, 포기는 자유이다.

유증의 포기는 유언자의 사망 후 언제든지 할 수 있다. 유언이 수증자에게 유리한 경우에도 본인의 의사를 무시하면서까지 강제하여서는 아니된다는 취지이고, 그럼으로써 유증이 단독행위이기 때문에 일어나는 폐해를 시정하게 된다. 구체적으로 보면, 포괄수증자는 상속인과 동일한 권리의무를 갖기 때문에 유증의 승인과 포기도 상속의 승인 및 포기의 규정(제1019조 내지 제1044조)이 준용되는 결과 유증의 승인, 포기에 관한 제1074조 내지 제1077조는 특정수증자에 관해서만 적용되게 된다. 승인에 관하여 민법상 특별한 규정이 없다. 이것은 포기를 하지 아니하는 한 모두 승인한 것으로 보게 되므로 특별히 승인의 사실을 규정할 필요가 없다는 입법자의 의도일지도 모른다.

그러나 승인이 있었는가의 여부는 특히 수증자의 상속인의 승인·포기권 및 유증의 승인 및 포기의 취소에 관련한 권리의무에 중대한 차이를 발생시키게 되므로 승인의 관념을 명확하게 해둘 필요가 있다.

승인은 어떤 방법으로 하든 상관이 없다. 즉 수증자의 행위로

써 유증의 이익을 받을 의사를 명확하게 하는 것은 명시적이
건 묵시적이건, 직접적이건 간접적이건 불문하고, 모두 승인으
로 본다.

예컨대 유증의무자에게 한 서면이나 구두에 의한 유증의 승인,
채권자·채무자에 대하여 한 자기가 유증을 승인하였다는 명언,
유증의 목적물을 이의없이 수령한 경우, 유증의무자에 대한 유
증의 이행청구 등은 모두 승인으로 보아야 하는 것들이다.

2. (1) 민법은 수증자에게 유증의 이익의 포기를 인정하고 있
다.

유증은 그 자체가 완전한 법률행위(단독행위)이므로 수증자의
의사여하와 상관없이 당연히 효력이 생기지만, 그 의사에 반해
서까지 권리의 취득을 강제하여서는 안되기 때문이다. 유증 가
운데, 상속재산과 거의 구별할 수 없는 포괄유증의 승인과 포
기에 관하여는 상속에 관한 승인, 포기의 규정이 준용되므로
유증의 포기에 관한 표현의 규정은 특정유증에 관한 것이라고
해석하여야 할 것이다.

(2) 포기의 시기 : 수증자는 유언자의 사망 후에는 언제든지
유증을 포기할 수 있다.

유언자의 사망 후라면 언제든지 포기할 수 있다고 한 것은 상
속의 포기, 따라서 포괄유증의 포기를 「상속개시 있음을 안 날
로부터 3개월내」에 하도록 한 것(제1019조)과 다르다.

그러나 이에 대해서는 유증의무자 기타의 이해관계인에게 최
고권이 인정되고 있어 이들은 상당한 기간을 정하여 그 기간
내에 유증의 승인 또는 포기를 확답할 것을 수증자에게 최고
할 수 있고 만약 수증자가 그 기간 내에 유증의무자에 대하여

최고에 대한 확답을 하지 아니한 때에는 유증을 승인한 것으로 보도록(제1077조)하고 있다. 상당한 기일이 경과한 후의 포기는 권리관계의 불안정을 초래하기 때문이다.

또한 유언자가 포기에 대한 기간을 정한 때에는 그 의사에 따라야 한다. 그러나 포기의 자유를 박탈하는 것과 같은 유언자의 의사표시가 인정될 수 없음은 물론이다.

(3) 포기의 방식 : 포기의 방식에 대해서는 별다른 규정이 없다.

① 포기의 의사표시는 수증자가 유증의무자 기타의 자의 최고를 받고 있는 경우와 그렇지 아니한 경우 그 어느 쪽이든 유증의무자 또는 유언집행자에 대한 포기의 의사표시로서 충분하다고 해석한다.

포괄유증의 포기를 가정법원에 대한 신고로 하는 것(제1041조)과 다르다. 그리고 전술한 유언집행자에 대한 의사표시에 대해서는 문제가 있고, 부정적으로 해석하는 설도 있으나, 유언집행자의 권한·임무 등으로 미루어 생각할 때 유효하다고 할 것이다.

② 미성년자 등의 무능력자가 유증의 포기를 하는 때에는, 당해 조항에 의한 제한에 따라야 한다(제5조, 제10조, 제13조, 제905조).

③ 포괄유증의 승인·포기는 무조건이며 무기한으로 하여야 하며, 불가분의 원칙의 적용이 있는 것은 상속의 경우와 마찬가지이지만, 특정유증에 대해서는, 그 목적물이 가분인 경우에는 그 일부분만의 승인·포기를 금지할 이유가 없다.

④ 어떠한 유증에도 자유로운 포기가 인정되는가 하는 문제는

당연히 긍정되어야 한다. 채무면제의 유증에 대해서만은 의문
이 있다. 이 경우 대부분의 학자는 포기할 수 없다고 본다.

(4) 포기의 효력

유증의 포기를 한 경우, 유언자의 사망시에 소급하여 그 효력
이 생긴다. 그렇지 않으면 유언자의 사망시로부터 포기에 이르
기까지 수증자의 권리가 발생하므로 유증의 포기에 의하여 이
익을 받는 자는 수증자로부터 그 권리를 취득하는 결과가 되
어 이상한 결과가 된다. 이리하여 포기함으로써 잠정적인 수증
자의 권리의 소멸이 확정되어 수증자는 처음부터 유증을 받지
않았던 것이 된다. 승인의 경우는, 이미 발생한 유증의 효력을
확인하는 것이다.

【서식】 유증의 포기를 하는 서식의 예

유증포기의 의사표시서

  귀하의 피상속인　　도　　군　　면　　리　　번지 이길수가
년　　월　　　일의 유언서로써 본인에 대하여 하하를 유증한
다는 취지의 유언에 관하여 그 유증을 승인 또는 포기하는가의
의사표시를 요구하는 최고를　　　년　　　　월　　일 받았는 바, 본인
은 위 유증을 포기하기로 결정하였으므로 이에 포기의사를 표시
합니다.

　　　　　　　　서기　　　　년　　월　일

　　　　　　　주　소

　　　　　　　　　　　　수증인　　이　남　수　㊞

주　소

　　　이　길　수　상속인　유증의무자　이　광　혁　귀하

■ 핵심판례 ■

■ [유증의 승인, 포기]

1. 가. 수증자에게 소유권이전등기를 경료한 후의 증여계약의 해제
   와 위 계약이나 등기의 효력에 대한 영향 유무(소극)

   토지에 대한 증여는 증여자의 의사에 기하여 수증자에게
   소유권이전등기가 경료됨으로써 이행이 완료되므로 증여자
   가 그 이행 후 증여계약을 해제하였다 하더라도 증여계약이
   나 그에 의한 소유권이전등기의 효력에 아무런 영향을 받지
   아니한다.

   나. 피상속인과 상속인 사이의 증여는 유증 내지 사인증여의
   의미로 보아야 하는지 여부(소극)

   증여자와 수증자의 관계가 피상속인과 상속인의 관계에 있
   다하여 이를 특별한 사정이 없는 한 유증 내지는 사인증여
   의 의미로 보아야 한다고 할 수는 없다(1991. 8. 13. 제2부 판결 90다6729
   토지소유권이전등기말소등기).

2. 포괄적 유증과 특정유증의 구별 기준 및 특정유증을 받은 자의
   법적 지위 및 그가 유증받은 부동산에 대하여 직접 진정한 등
   기명의 회복을 원인으로 한 소유권이전등기청구권을 행사할 수
   있는지 여부(소극)

   가. 유증이 포괄적 유증인가 특정유증인가는 유언에 사용
   한 문언 및 그 외 제반 사정을 종합적으로 고려하여 탐구
   된 유언자의 의사에 따라 결정되어야 하고, 통상은 상속재
   산에 대한 비율의 의미로 유증이 된 경우는 포괄적 유증,
   그렇지 않은 경우는 특정유증이라고 할 수 있지만, 유언공

정증서 등에 유증한 재산이 개별적으로 표시되었다는 사실
만으로는 특정유증이라고 단정할 수는 없고 상속재산이 모
두 얼마나 되는지를 심리하여 다른 재산이 없다고 인정되
는 경우에는 이를 포괄적 유증이라고 볼 수도 있다.

나. 포괄적 유증을 받은 자는 민법 제187조에 의하여 법
률상 당연히 유증받은 부동산의 소유권을 취득하게 되나,
특정유증을 받은 자는 유증의무자에게 유증을 이행할 것을
청구할 수 있는 채권을 취득할 뿐이므로, 특정유증을 받은
자는 유증받은 부동산의 소유권자가 아니어서 직접 진정한
등기명의의 회복을 원인으로 한 소유권이전등기를 구할 수
없다(대판 2003. 5. 27. 2000다73445).

3. 특정유증을 한 유증자가 사망한 경우 그의 소송상 지위의 당연
   승계인(=상속인) 및 특정유증을 받은 자가 이를 당연승계할 수
   있는지 여부(소극)

유언자가 자신의 재산 전부 또는 전 재산의 비율적 일부가
아니라 단지 일부 재산을 특정하여 유증한 데 불과한 특정
유증의 경우에는, 유증 목적인 재산은 일단 상속재산으로서
상속인에게 귀속되고 유증을 받은 자는 단지 유증의무자에
대하여 유증을 이행할 것을 청구할 수 있는 채권을 취득하
게 될 뿐이므로, 유증자가 사망한 경우 그의 소송상 지위도
일단 상속인에게 당연승계되는 것이고 특정유증을 받은 자
가 이를 당연승계할 여지는 없다.(대법원 2010.12.23. 선고 2007다22859 판결)

◈ 사실혼 배우자의 재산상속권

【답변】➡ 사실혼부부는 그 배우자의 사망시 법률혼부부와 달리 민법상의 재산상속권이 없으므로 사실혼배우자의 사망 전에 유효한 혼인신고를 하지 않은 이상 사망한 배우자의 재산을 상속받을 수 없습니다.

사실혼부부의 일방이 다른 일방의 재산을 이전 받는 방법에는 첫째, 사실혼부부 모두 사망하기 전에 혼인신고를 하고, 어느 한쪽이 사망하면 법률혼 배우자로서 재산상속을 받거나, 둘째, 증여 또는 유언에 의한 증여를 받는 방법이 있습니다. 다만, 증여나 유증의 경우에는 그 이행시기에 따라 상속인들로부터 유류분권에 의한 재산의 반환을 청구 당할 수 있습니다(민법 제1115조).

결국 증여나 유증을 통하여 상속받은 것과 비슷한 효과를 가져올 수는 있으나, 법률상 사실혼부부간에는 서로 재산상속을 받을 수는 없는 것입니다. [법률구조공단자료. 참고만 하세요]

【서식】소유권이전등기청구의 소(다세대주택, 특정유증을 원인으로)

소　　　장

원　　고　○○○ (주민등록번호)
　　　　　　○○시 ○○구 ○○동 ○○ (우편번호 ○○○ - ○○○)
　　　　　　전화 · 휴대폰번호:
　　　　　　팩스번호, 전자우편(e-mail)주소:
피　　고　◇◇◇ (주민등록번호 또는 한자)
　　　　　　○○시 ○○구 ○○동 ○○ (우편번호 ○○○ - ○○○)
　　　　　　전화 · 휴대폰번호:
　　　　　　팩스번호, 전자우편(e-mail)주소:

소유권이전등기청구의 소

청　구　취　지

1. 피고는 원고에게 별지목록 기재 부동산에 관하여 20○○. ○. ○. 유증을 원인으로 한 소유권이
　 전등기절차를 이행하라.
2. 소송비용은 피고의 부담으로 한다.
라는 판결을 구합니다.

청　구　원　인

1. 원고와 소외 망 ●●●와의 관계 및 유증
　 원고는 소외 망 ●●●와 19○○. ○. ○.부터 10여년을 동거하였으나, 혼인신고를 하지 않은
　 사실혼관계에 있었는바, 소외 망 ●●●는 20○○. ○. ○. 소외 망 ●●●의 재산 중 별지목록
　 기재 아파트를 원고에게 무상으로 주기로 하는 유언공증을 하였습니다.
2. 소외 망 ●●●의 사망과 피고의 별지목록 기재 아파트 상속
　 그런데 소외 망 ●●●는 위와 같은 유언공증을 한 뒤 20○○. ○○. ○○. 사망하였으며, 소외
　 망 ●●●의 유일한 상속인인 피고는 원고가 병원에 입원하여 거동을 할 수 없는 틈을 타서
　 별지목록 기재 아파트를 포함한 소외 망 ●●●의 재산을 모두 상속받아 상속등기를 마쳤습니
　 다.

3. 피고의 유증이행청구의 거절

　　그러므로 원고는 피고에 대하여 위와 같은 유증을 이유로 별지목록 기재 아파트의 소유권을 원고에게 이전해줄 것을 요구하였으나, 피고는 그 이행을 거절하고 있습니다.

4. 결론

　　따라서 원고는 피고에 대하여 별지목록 기재 부동산에 관하여 20○○. ○. ○. 유증을 원인으로 한 소유권이전등기절차의 이행을 구하기 위하여 이 사건 청구에 이른 것입니다.

입 증 방 법

　　1. 갑 제1호증　　　　　　유언공정증서
　　1. 갑 제2호증　　　　　　부동산등기부등본
　　1. 갑 제3호증　　　　　　피상속인(망인)의 폐쇄가족관계등록부에 따른
　　　　　　　　　　　　기본증명서1통　　（단, 　피상속인이　2008.1.1　이전에
사망한 경우에는 제적등본)
　　1. 갑 제4호증　　　　　　가족관계증명서

첨 부 서 류

　　1. 위 입증방법　　　　　　　　　　　　각 1통
　　1. 토지대장등본　　　　　　　　　　　　1통
　　1. 건축물대장　　　　　　　　　　　　　1통
　　1. 소장부본　　　　　　　　　　　　　　1통
　　1. 송달료납부서　　　　　　　　　　　　1통

20○○년 ○월 ○일

위　원고　○○○ (서명 또는 날인)

○○지방법원　귀중

〔별 지〕

부 동 산 의 표 시

1동의 건물의 표시
　　○○시 ○○구 ○○동 ○○ 철근콘크리트조 슬래브지붕 3층 다세대주택
　　제102동
　　1층 ○○○.○㎡
　　2층 ○○○.○㎡
　　3층 ○○○.○㎡
　　지층 ○○○.○㎡

전유부분의 건물의 표시
　　구 조 철근콘크리트조
　　건물번호 201호
　　면 적 ○○.○㎡

대지권의 목적인 토지의 표시 : ○○시 ○○구 ○○동 ○○ 대 ○,○○○㎡
대지권의 종류 : 소유권
대지권의 비율 : ○,○○○분의 ○○.○. 끝.

제1075조 【유증의 승인, 포기의 취소금지】
① 유증의 승인이나 포기는 취소하지 못한다.
② 제1024조 제2항의 규정은 유증의 승인과 포기에 준용한다.

■ [요약] 1075. 유증의 승인, 포기의 취소금지

·유증의 승인이나 포기는 취소하지 못한다.
·§1024② 준용 : 민법총칙의 취소가능
·제척기간 : 소멸시효설도 있음. §1024② 단서

(1) 유증의 승인 및 포기는 일단 표시된 이상 취소하지 못한다. 이것은 상속인이 상속의 승인, 포기에 관하여 일단 적법하고 유효한 의사표시를 한 이상 취소할 수 없는 것과 같은 취지이다. 그러나 취소할 수 없는 것은 적법하고 유효한 의사표시에 한하며, 그 의사표시에 하자가 있는 경우와 법정의 방식을 갖추지 아니한 경우에는 민법총칙의 규정에 의하여 취소할 수 있다(제1075조 2항에 의한 제1024조의 준용). 그 취소권은 추인할 수 있는 날로부터 3월, 승인 또는 포기한 날로부터 1년내에 행사하지 않으면 소멸한다.

(2) 채권자를 사해할 목적으로 유증을 포기한 수증자의 채권자는 그 포기행위의 취소를 가정법원에 청구할 수 있다(가정법원에 청구하여 그 포기행위를 취소할 수 있다. 제406조 1항 본문의 준용).

◈ 수증자의 상속인의 승인, 포기

제1076조【수증자의 상속인의 승인, 포기】
수증자가 승인이나 포기를 하지 아니하고 사망한 때에는 그 상속인은 상속분의 한도에서 승인 또는 포기할 수 있다. 그러나 유언자가 유언으로 다른 의사를 표시한 때에는 그 의사에 의한다.

■ [요약] 1076. 수증자의 상속인의 승인, 포기

·본문 : 상속분의 한도에서

·단서 : 다른 의사표시

유증의 승인·포기는 유증받을 자의 권리이며, 또 상속인은 피상속인의 권리를 상속개시의 상태에서 승계하는 것이다. 그러므로 유증의 승인이나 포기를 하지 않고 사망한 때에는 그 승인이나 포기할 수 있는 권리는 그 상속인에게 승계되므로 유언으로 다른 의사를 표시하지 않은 이상, 각 상속인은 자기의 상속분의 한도에서 승인 또는 포기할 수 있다(제1076조 본문).

상속분에 관해서는 제1009조의 규정에 따른다. 이 경우에 유언자가 유언으로 다른 의사를 표시한 때에는 그 의사에 의한다. 예컨대 수증자가 사망한 경우에는 수증자의 상속인은 그 승인 또는 포기를 할 수 없다든가, 상속인 중 특정한 자만이 승인 또는 포기할 수 있다고 정하는 것과 같은 것이다.

제1077조 【유증의무자의 최고권】
① 유증의무자나 이해관계인은 상당한 기간을 정하여 그 기간 내에 승인 또는 포기를 확답할 것을 수증자 또는 그 상속인에게 최고할 수 있다.
② 전항의 기간내에 수증자 또는 상속인이 유증의무자에 대하여 최고에 대한 확답을 하지 아니한 때에는 유증을 승인한 것으로 본다.

■ [요약] 1077. 유증의무자의 최고권

·유증의무자나 이해관계인은 상당한 기간을 정하여 그 기간내에 승인 또는 포기를 확답할 것을 수증자 또는 그 상속인에게 최고할 수 있다.
·그리고 그 기간내에 수증자 또는 그 상속인이 유증의무자에 대하여 최고에 대한 확답을 하지 않을 때에는 유증을 승인한 것으로 본다.

특정적 수증자가 유언의 효력발생후 언제든지 그 유증을 승인 또는 포기할 수 있지만, 이와 같이 기간의 제한없이 선택권을 행사할 수 있는 것은 유증의무자는 물론 기타 이해관계인에게는 항상 불안정한 위치에 있게 되므로 매우 곤란한 일이다.

그래서 이에 대해서는 유증의무자 기타의 이해관계인(보충유증의 후순위수증자·유증의무자의 채권자 등)에게 최고권이 인정되고 있어 이들은 상당한 기간을 정하여 그 기간 내에 유증의 승인 또는 포기를 확답할 것을 수증자에게 최고할 수 있고 만약 수증자가 그 기간 내에 유증의무자에 대하여 최고에 대한 확답을 하지 아니한 때에는 유증을 승인한 것으로 보도록 하고 있다. 상당한 기일이 경과한 후의 포기는 권리관계의 불안정을 초래하기 때문이다.

또한 유언자가 포기에 대한 기간을 정한 때에는 그 의사에 따라야 한다. 그러나 포기의 자유를 박탈하는 것과 같은 유언자의 의사표시가 인정될 수 없음은 물론이다. 최고의 방식에 대해서는 별다른 규정이 없다. 최고는 수증자에게 도달함으로써 그 효력이 생긴다. 최고에 대한 의사표시는 유증의무자에 대해서 한 경우에만 유효하다. 승인에 대해서는 별다른 규정이 없다. 승인의 방법은 불문한다. 그리고 승인의 의사표시는 명시이건 묵시이건, 또 직접이든 간접이든 묻지 않는다.

◈ 포괄적 유증을 받은 자의 권리의무

제1078조 【포괄적 유증자의 권리의무】
포괄적 유증을 받은 자는 상속인과 동일한 권리의무가 있다.
<개정 1990. 1. 13>

■ [요약] 1078. 포괄적 유증

·상속재산의 전부 또는 일정한 비율액의 유증
·효과 : ① 상속인과 동일한 권리의무
　　　　 ② 포괄적 유증의 승인, 포기에는 §1019~§1044 규정이 적용
　　　　 ③ 조건, 기한을 붙일 수 있으며 대습유증은 인정안됨
　　　　 ④ 유증의 무효, 실효 등의 경우 그 재산은 상속인에게 귀속한다
　　　　 ⑤ 유증의 이행없이 당연히 수증자에게 귀속

포괄적 유증이란 상속재산의 전부 또는 일정한 비율액의 유증이다. 사실혼의 처에게 상속재산의 4분의 1을 준다든가 가

봉자에게 자기직계비속과 동일한 비율의 것을 준다든가 하는 것이 그 예이다.

포괄수증자는 상속인과 동일한 권리의무를 취득한다. 즉 포괄수증자는 이름은 수증자이지만, 실제는 유증의 형식에 의한 유산상속인이며, 포괄유증은 그 지정이라고 볼 수 있다.

그리하여 우리 민법은 명목상 법정상속주의를 채택하고 있으나, 실질적으로 상속인의 지정과 동일한 효력이 있는 포괄유증을 인정함으로써 어느 정도까지 유언상속주의를 채택하고 있다고도 할 수 있다.

이와 같이 포괄유증은 일종의 재산상속이라고 생각할 수 있으므로, 권리의무의 승계는 상속의 경우와 마찬가지로 물권적이며, 특별한 의사표시가 없는 한 고유권까지도 승계한다. 여기에서 주의하지 않을 수 없는 것은, 포괄수증자는 재산의 권리의 승계만이 아니라 의무까지도 승계한다는 것이다. 즉 채무가 있을 때에는 유증자는 변제하지 않으면 안된다. 프랑스의 학설은 이와 같이 해석하고 있으나 반대론도 있다. 반대론에 의하면 수증자는 상속인이 아니라 단지 재산의 이전을 받는 자이며, 피상속인의 지위를 승계하는 자가 아니므로 채무를 부담하는 이유가 없다는 것이다.

그러나 유언자가 권리재산의 전부, 혹은 일부를 유증하기로 정한 경우, 그 포괄재산은 자신의 부담을 아울러 유증할 의사였다고 보아야 할 것이다. 만약 그렇지 않다고 하면, 법정상속인은 재산의 전부 혹은 일부를 상실한 경우에도 채무를 모두 승계하지 않을 수 없게 되어, 상속인의 이익을 몹시 해할 뿐만 아니라 상속채권자는 변제를 청구할 방법이 없게 되어, 거래의 안전까지도 해하게 되므로 지극히 불합리하기 때문이다. 문제점을 다음에서 분설한다.

(1) 포괄수증자는 수증분에 따라 포괄적으로 당연히 승계하므로 유증의무자의 이행의 문제가 일어날 여지가 없다.

(2) 유증은 유류분에 관한 규정에 반할 수 없으나 피상속인이 유류분을 갖는 상속인이 있음에도 불구하고 전재산을 포괄유증하더라도 유증이 전부 무효가 되도 유류분을 침해한 한도에서 무효가 되는 것도 아니다.

유류분권리자의 재산반환청구가 있는 때에 비로소 유류분의 비율에 따라 상속재산을 취득한 그 상속인과의 사이에서 공동상속인과 마찬가지의 관계를 발생시킬 뿐이다. 즉 유증을 받은 자가 수인인 때에는 각자가 얻은 유증가액의 비례에 따라 반환하면 되는 것이다(제1115조).

◘ 유류분제도란 무엇인지

【질의】 ➡ 유류분제도란 어떠한 것인지요?

【답변】 ➡ 일정한 범위의 상속인이 피상속인재산의 일정한 비율을 확보할 수 있는 지위를 가지는 것을 말합니다.

사유재산을 인정하는 사회에서 개인에게는 원칙적으로 자신이 소유하고 있는 재산을 자유롭게 처분하는 자유가 인정됩니다. 따라서 각 개인은 자신의 재산을 생전에 자유롭게 처분할 수 있음은 물론 유언에 의한 사후처분도 할 수 있는 것입니다.

그러나 이 원칙을 그대로 적용하게 되면 여러 가지 문제점이 생길 수 있는데, 즉, 유언자의 재산이라는 것도 가족들의 노력의 결과가 어느 정도 포함되어 있다고 보아야 할 경우가 많기 때문입니다.

따라서 우리 민법은 이러한 경우에 있어서 개인재산 처분의 자유, 거래의 안전과 가족생활의 안정, 가족재산의 공평한 분배라고 하는 서로 대립되는 요구를 타협·조정하기 위해 1977년에 유류분제도를 신설하였습니다. 즉, 상속이 개시되면 일정한 범위의 상속인은 피상속인재산의 일정한 비율을 확보할 수 있는 지위를 가집니다. 이것을 유류분권이라고 하는바, 이 유류분권으로부터 유류분을 침해하는 유증·증여의 효력을 빼앗는 반환청구권이라는 구체적·파생적 권리가 생깁니다.

유류분을 가지는 사람은 피상속인의 직계비속, 배우자, 직계존속, 형제자매입니다(민법 제1112조). 그 중 유류분권을 행사할 수 있는 사람은 상속의 순위상 상속권이 있는 사람이어야 합니다. 예컨대, 제1순위 상속인인 직계비속이 있는 경우에는 제2순위 상속인인 직계존속은 유류분권을 행사할 수 없습니다. 태아도 살아서 출생하면 직계비속으로서 유류분권을 갖고 대습상속인도 피대습자의 상속분의 범위 안에서 유류분을 가집니다(민법 제1118조에 의한 제1001조, 제1010조 준용).

유류분은 법정상속권에 기초하고 있는 것이므로 상속권의 상실원인인 상속인의 결격·포기에 의하여 상속권을 상실한 때에는 유류분권도 당연히 잃게 됩니다.

상속인 중 유류분권자라도 그 유류분의 비율은 ①피상속인의 직계비속은 법정상속분의 2분의 1, ②피상속인의 배우자는 법정상속분의 2분의 1, ③피상속인의 직계존속은 법정상속분의 3분의 1, ④피상속인의 형제자매는 법정상속분의 3분의 1과 같은 차이가 있습니다(민법 제1112조).

또한, 유류분권에 기한 반환청구권은 유류분권리자가 상속의 개시와 반환하여야 할 증여 또는 유증을 한 사실을 안 때로부터 1년 내에 하지 아니하면 시효에 의하여 소멸하고 상속이 개시된 때로부터 10년을 경과한 때에도 동일하게 소멸합니다(민법 제1117조). [법률구조공단자료. 참고만 하세요]

◈ 공동상속인 중 특별수익자가 있는 경우 유류분청구권

【질의】 ➡ 저의 아버지는 어머니와 저를 포함한 두 형제를 남기고 2개월 전 돌아가셨습니다. 아버지는 돌아가시기 2년 전 아버지 명의의 대지와 주택을 형의 명의로 이전해주면서 어머니와 동생인 저를 잘 돌볼 것을 부탁하셨습니다. 그러나 형은 아버지가 돌아가신 후 어머니를 모시려 하지도 않고 생활비도 주지 않아 다른 상속재산이 없는 어머니께서는 생계유지가 막막하여 유류분청구를 하려고 합니다. 이 경우 형에게 이전한 증여재산도 유류분청구의 대상이 될 수 있는지요?

【답변】 ➡ 유류분청구의 대상이 됩니다.

민법 제1113조 제1항에 의하면 "유류분은 피상속인의 상속개시시에 있어서 가진 재산의 가액에 증여재산의 가액을 가산하고, 채무의 전액을 공제하여 이를 산정한다."라고 규정하고 있고, 민법 제1114조에 의하면 "증여는 상속개시전의 1년 간에 행한 것에 한하여 제1113조의 규정에 의하여 그 가액을 산정한다. 당사자 쌍방이 유류분권리자에 손해를 가할 것을 알고 증여를 한 때에는 1년 전에 한 것도 같다."라고 규정하여 원칙적으로 상속개시 전 1년 간에 행한 증여에 한하여 유류분재산에 포함하고 있습니다.

따라서 위 규정대로라면 귀하의 선친과 형 사이의 증여는 2년 전에 이루어졌기 때문에 유류분재산에 포함되지 아니한다고 하겠습니다.

그러나 판례는 공동상속인 중에서 피상속인으로부터 특별수익한 자가 있는 경우와 관련하여 "공동상속인 중에 피상속인으로부터 재산의 생전증여에 의하여 특별수익을 한 자가 있는 경우에는 민법 제1114조의 규정은 그 적용이 배제되고, 따라서 그 증여는 상속개시 1년 이전의 것인지 여부, 당사자 쌍방이 손해를 가할 것을 알고서 하였는지 여부에 관계없이 유류분산정을 위한 기초재산에 산입된다."라고 하여 민법 제1114조를 배제하고 있습니다(대법원 1996. 2. 9. 선고 95다17885 판결, 1995. 6. 30. 선고 93다11715 판결, 1998. 12. 8. 선고 97므513, 520, 97스12 판결).

따라서 귀하의 어머니와 귀하는 각 상속지분의 2분의1에 상당한 유류분을 청구할 수 있고, 그 유류분산정에 있어서 형이 2년 전에 증여 받은 대지와 주택을 포함하여 산정되어야 할 것입니다.

한편, 유류분권리자의 증여 또는 유증재산의 반환청구권은 유류분권리자가 상속개시와 반환하여야 할 증여 또는 유증을 한 사실을 안 때로부터 1년 내에 하지 아니하면 시효에 의하여 소멸하고, 상속이 개시한 때로부터 10년이 경과한 때도 소멸하므로 귀하는 이 기간을 준수하여 유류분권을 행사하여야 할 것입니다.

참고로 유류분산정시 산입될 '증여재산'에 아직 이행되지 아니한 증여계약의 목적물이 포함되는지 여부에 관하여 판례는 "유류분산정의 기초가 되는 재산의 범위에 관한 민법 제1113조 제1항에서의 '증여재산'이란 상속개시 전에 이미 증여계약이 이행되어 소유권이 수증자에게 이전된 재산을 가리키는 것이고, 아직 증여계약이 이행되지 아니하여 소유권이 피상속인에게 남아있는 상태로 상속이 개시된 재산은 당연히 '피상속인의 상속개시시에 있어서 가진 재산'에 포함되는 것이므로, 수증자가 공동상속인이든 제3자이든 가리지 아니하고 모두 유류분 산정의 기초가 되는 재산을 구성한다."라고 하였습니다(대법원 1996. 8. 20. 선고 96다13682 판결). [법률구조공단자료. 참고만 하세요]

◈ 유증으로 유류분이 침해된 경우 상속인의 구제

【질의】 ➡ 저의 아버지께서는 장남인 저와 어머니 그리고 남동생 1명을 유족으로 두고 3개월 전에 사망하였습니다. 유산으로는 현재 저의 가족이 살고 있는 시가 7,000만원 상당의 집 한 채와 1억 4천만원 상당의 토지가 있으나, 아버지께서는 유언으로 집은 저의 가족에게 물려주고 토지는 甲이라는 사회봉사단체에 증여하셨습니다. 저의 가족들은 아버지의 높으신 뜻을 저버릴 생각은 없습니다만 생활을 이끌어 가기 어려운 바, 이러한 경우 장남인 제가 상속재산의 일부를 청구할 수는 없는지요?

【답변】 ➡ 청구할 수 있습니다.

이러한 경우에 상속이 개시되면 일정범위의 상속인은 피상속인의 재산의 일정비율을 확보할 수 있는 유류분제도가 인정되고 있습니다. 민법은 유류분권리자

(귀하의 가족)가 받은 상속재산이 유류분을 침해하는 유증 또는 증여의 결과 유류분이 부족할 때에는 유류분제도를 둔 취지에서 유류분권리자가 자기의 유류분을 보전하는 방법을 인정하였습니다.

즉, 유류분권은 구체적으로는 반환청구권으로 나타나며, 유류분권리자는 유류분에 부족한 한도에서 유증 또는 증여된 재산의 반환을 청구할 수 있습니다(민법 제1115조 제1항). 그러나 이 반환청구권은 반드시 행사하여야 하는 것은 아니며, 유류분의 보전은 유류분권리자의 자유로운 의사에 달려 있습니다.

민법 제1112조에 의해 피상속인의 배우자와 직계비속의 유류분은 그 법정상속분의 1/2이 됩니다. 귀하 가족의 법정상속분은 제1009조에 의해 피상속인의 배우자인 귀하의 어머니는 1.5, 귀하와 귀하의 남동생은 각각 1의 비율로 됩니다. 실제로 각 지분별로 계산해 보면 귀하의 어머니의 법정상속분은 9,000만원(=2억1천만원×3/7)이 되며, 귀하와 귀하의 남동생의 상속분은 각 6,000만원(=2억1천만원×2/7)이 됩니다. 그런데 유류분은 법정상속분의 1/2이므로 귀하 어머니의 유류분은 4,500만원이 되고, 귀하와 귀하의 남동생의 유류분은 각 3,000만원이 됩니다.

한편, 실제로 상속되는 재산은 귀하의 어머니의 경우 3,000만원(7,000만원×3/7), 귀하와 귀하의 남동생의 경우 각 2,000만원(7,000만원×2/7)밖에 되지 아니하므로 귀하의 어머니는 1,500만원(4,500만원-3,000만원), 귀하와 귀하의 남동생은 각 1,000만원(3,000만원-2,000만원)이 부족하게 됩니다.

따라서 귀하의 가족은 각자 자신의 부족한 유류분의 한도에서 甲에게 재산의 반환을 청구할 수 있습니다. 다만, 반환청구권은 상속의 개시 및 증여의 사실을 안 때로부터 1년 내에 행사하지 아니하거나, 상속이 개시된 때, 즉 귀하의 부친의 사망일로부터 10년 내에 행사하지 아니하면 소멸합니다. [법률구조공단자료. 참고만 하세요]

◎ 사인증여무효소송 제기시 유류분청구권의 소멸시효 중단여부

【질의】 ➡ 甲은 생전에 그의 동거녀 乙과 딸 丙이 있는 자리에서 자신이 모아둔 돈 중 丙에게 3,000만원을 주고, 나머지 돈과 甲소유 아파트는 乙에게 주되 자신의 사후에 이를 분배한다는 증여의사를 표시하고, 乙과 丙도 이에 동의한 후 그러한 내용을 메모한 메모지에 乙과 丙은 무인을 날인하고, 甲은 인장을 날인하였습니다. 그런데 甲이 사망한 후에 乙과 丙 사이에 분쟁이 발생하였으며, 丙이 乙을 상대로 위와 같은 사인증여가 무효라고 주장하면서 이를 전제로 乙이 보관중인 甲명의의 예금통장 및 인장의 교부와 甲소유의 금원 중 乙이 임의로 소비한 금액의 반환을 청구하여 소송이 진행 중 1년이 경과하였습니다. 이 경우 丙이 위 소송에서 패소한 후 위 사인증여가 유효함을 전제로 유류분반환청구권을 행사할 수 있는지요?

【답변】 ➡ 행사할 수 있습니다.

사인증여(死因贈與)란 증여자의 사망으로 인하여 효력이 생기는 증여계약인데, 위 사안에서 甲·乙·丙 3인이 유증의 방식에 의하지 아니한 사인증여계약을 체결하였는바, 유증의 방식에 관한 민법 제1065조 내지 제1072조가 사인증여에 준용되는지 문제됩니다.

이에 관련된 판례를 보면, "민법 제562조는 사인증여에 관하여는 유증에 관한 규정을 준용하도록 규정하고 있지만, 유증의 방식에 관한 민법 제1065조 내지 제1072조는 그것이 단독행위임을 전제로 하는 것이어서 계약인 사인증여에는 적용되지 아니한다."라고 하였습니다.

그러므로 위와 같은 사인증여도 유효하다고 할 것입니다.

다음으로 유류분반환청구권의 소멸시효에 관하여 민법 제1117조에 의하면 "반환의 청구권은 유류분권리자가 상속의 개시와 반환하여야 할 증여 또는 유증을 한 사실을 안 때로부터 1년 내에 하지 아니하면 시효에 의하여 소멸한다. 상속이 개시한 때로부터 10년을 경과한 때도 같다."라고 규정하고 있는바, 위 사안에서 丙이 위 사인증여가 무효라는 전제에서 乙이 보관중인 甲명의의 예금통장 및 인장의 교부와 甲소유의 금원 중 乙이 임의로 소비한 금액의 반환을 청구하였다가, 甲이 사망한 후 1년이 경과된 시점에서 유류분반환청구권을 행사할 경우 유류분반환청구권의 소멸시효가 완성된 것인지 문제됩니다.

이에 관련된 판례를 보면, "민법 제1117조는 유류분 반환청구권은 유류분권리자가 상속의 개시와 반환하여야 할 증여 또는 유증을 한 사실을 안 때로부터 1년 내에 하지 아니하면 시효에 의하여 소멸한다고 규정하고 있는바, 여기서 '반환하여야 할 증여 등을 한 사실을 안 때'라 함은 증여 등의 사실 및 이것이 반환하여야 할 것임을 안 때라고 해석하여야 하므로, 유류분권리자가 증여 등이 무효라고 믿고 소송상 항쟁하고 있는 경우에는 증여 등의 사실을 안 것만으로 곧바로 반환하여야 할 증여가 있었다는 것까지 알고 있다고 단정할 수는 없을 것이나, 민법이 유류분반환청구권에 관하여 특별히 단기소멸시효를 규정한 취지에 비추어 보면 유류분권리자가 소송상 무효를 주장하기만 하면 그것이 근거 없는 구실에 지나지 아니한 경우에도 시효는 진행하지 않는다 함은 부당하므로, 피상속인의 거의 전 재산이 증여되었고 유류분권리자가 위 사실을 인식하고 있는 경우에는, 무효의 주장에 관하여 일응 사실상 또는 법률상 근거가 있고 그 권리자가 위 무효를 믿고 있었기 때문에 유류분반환청구권을 행사하지 않았다는 점을 당연히 수긍할 수 있는 특별한 사정이 인정되지 않는 한, 위 증여가 반환될 수 있는 것임을 알고 있었다고 추인함이 상당하고, 유류분반환청구의 의사표시는 침해를 받은 유증 또는 증여행위를 지정하여 이에 대한 반환청구의 의사를 표시하면 그것으로 족하고 그로 인하여 생긴 목적물의 이전등기청구권이나 인도청구권 등을 행사하는 것과는 달리 그 목적물을 구체적으로 특정하여야 하는 것은 아니며, 민법 제1117조 소정의 소멸시효의 진행도 위와 같은 의사표시로 중단되지만, 유류분권리자가 소멸시효기간의 경과 이전에 사인증여가 무효라고 주장하면서 이를 전제로 수증자에게 수증자가 보관중인 망인 명의의 예금통장 및 인장의 교부와 망인 소유의 금원 중 수증자가 임의로 소비한 금액의 반환을 구하였다 하더라도, 이러한 주장이나 청구 자체에 그와 반대로 위 사인증여가 유효임을 전제로 그로써 자신의 유류분이 침해되었음을 이유로 하는 유류분반환의 청구가 포함되어 있다고 보기는 어렵다."라고 하였습니다(대법원 2001. 9. 14. 선고 2000다66430, 66447 판결, 2002. 4. 26. 선고 2000다8878 판결).

따라서 위 사안에서 丙이 위 사인증여가 무효라는 전제에서 乙이 보관중인 甲명의의 예금통장 및 인장의 교부와 甲소유의 금원 중 乙이 임의로 소비한 금액의 반환을 청구한 것만으로는 유류분반환청구권의 소멸시효가 중단되었다고 할 수 없을 것으로 보이고, 甲이 사망한 후 1년이 경과되었으므로 유류분반환청구권의 소멸시효가 완성되었다고 할 수 있을 듯합니다. [법률구조공단자료. 참고만 하세요]

【서식】 소유권이전등기청구의 소(아파트, 사인증여를 원인으로)

소   장

원   고   ○○○ (주민등록번호)
              ○○시 ○○구 ○○동 ○○ (우편번호 ○○○ - ○○○)
              전화·휴대폰번호:
              팩스번호, 전자우편(e-mail)주소:
피   고   ◇◇◇ (주민등록번호 또는 한자)
              ○○시 ○○구 ○○동 ○○ (우편번호 ○○○ - ○○○)
              전화·휴대폰번호:
              팩스번호, 전자우편(e-mail)주소:

소유권이전등기청구의 소

청 구 취 지

1. 피고는 원고에게 별지목록 기재 부동산에 관하여 20○○. ○. ○. 사인증여를 원인으로 한 소유
   권이전등기절차를 이행하라.
2. 소송비용은 피고의 부담으로 한다.
라는 판결을 구합니다.

청 구 원 인

1. 원고와 소외 망 ◉◉◉와의 관계 및 약정
  원고는 소외 망 ◉◉◉와 19○○. ○. ○.부터 10여년을 동거하였으나, 혼인신고를 하지 않은 사
  실혼관계에 있었는바, 소외 망 ◉◉◉는 20○○. ○. ○. 피고가 같이 있는 자리에서 소외 망 ◉
  ◉◉의 재산 중 별지목록 기재 아파트를 원고에게 무상으로 주기로 하되, 그 효력은 소외 망
  ◉◉◉가 사망함으로 인하여 발생하는 것으로 하겠다고 하여 원고도 이에 동의하였으며, 위와
  같은 내용으로 원고가 작성한 약정서를 소외 망 ◉◉◉가 읽어 본 뒤 원고가 기재한 소외 망
  ◉◉◉의 이름 옆에 소외 망 ◉◉◉가 인감도장을 날인한 사실이 있습니다.
2. 소외 망 ◉◉◉의 사망과 피고의 별지목록 기재 아파트 상속
  그런데 소외 망 ◉◉◉는 원고와 위와 같은 약정을 체결한 뒤 20○○. ○○. ○○. 사망하였으
  며, 그의 유일한 상속인인 피고가 별지목록 기재 아파트를 포함한 소외 망 ◉◉◉의 재산을 모
  두 상속받았습니다.

3. 피고의 약정이행의 거절

  그러므로 원고는 피고에 대하여 위와 같은 약정을 이유로 별지목록 기재 아파트의 소유권을 원고에게 이전해줄 것을 요구하였으나, 피고는 유언의 요건을 갖추지 못한 위와 같은 약정서에 따른 원고의 요구를 받아들일 수 없다고 거절하고 있습니다.

4. 사인증여

  그러나 민법 제562조에서 사인증여에 관하여는 유증에 관한 규정을 준용하도록 규정하고 있지만, 유증의 방식에 관한 민법 제1065조 내지 제1072조는 그것이 단독행위임을 전제로 하는 것이어서 계약인 사인증여에는 적용되지 아니하므로, 소외 망 ◉◉◉와 원고의 위와 같은 약정이 비록 유언의 방식을 갖추지 못하였다고 하여도 사인증여계약으로서의 효력을 가지는 것에는 문제가 없다고 할 것입니다.

5. 결론

  따라서 원고는 피고에 대하여 별지목록 기재 부동산에 관하여 2000. 0. 0. 사인증여를 원인으로 한 소유권이전등기절차의 이행을 구하기 위하여 이 사건 청구에 이른 것입니다.

입 증 방 법

1. 갑 제1호증	약정서
1. 갑 제2호증	부동산등기부등본
1. 갑 제3호증	제적등본
1. 갑 제4호증	호적등본

첨 부 서 류

1. 위 입증방법	각 1통
1. 토지대장등본	1통
1. 건축물대장	1통
1. 소장부본	1통
1. 송달료납부서	1통

2000년 0월 0일

위 원고 ○○○ (서명 또는 날인)

○○지방법원 귀중

〔별 지〕

부 동 산 의 표 시

1동의 건물의 표시
　　○○시 ○○구 ○○동 ○○
　　철근콘크리트조 슬래브지붕 10층 아파트
　　제609동
　　1층 1,097㎡
　　2층 1,097㎡
　　3층 1,097㎡
　　4층 1,097㎡
　　5층 1,097㎡
　　6층 1,097㎡
　　7층 1,097㎡
　　8층 1,097㎡
　　9층 1,097㎡
　　10층 1,097㎡
　　지층 1,097㎡

전유부분의 건물의 표시
　　구 조 철근콘크리트조
　　건물번호 506호
　　면 적 99㎡

대지권의 목적인 토지의 표시
　　○○시 ○○구 ○○동 ○○ 대 1,258㎡

대지권의 종류 : 소유권

대지권의 비율 : 1,258분의 46.5125. 끝.

주. 민법 제562조는 사인증여에 관하여는 유증에 관한 규정
　　을 준용하도록 규정하고 있지만, 유증의 방식에 관한 민법

제1065조 내지 제1072조는 그것이 단독행위임을 전제로
하는 것이어서 계약인 사인증여에는 적용되지 아니함(대법
원 2001. 9. 14. 선고 2000다66430 판결, 1996. 4. 12.
선고 94다37714, 37721 판결).

(3) 유증의 승인·포기에도 상속의 승인·포기에 관한 규정이 적용된다(제1019조 내지 제1044조)

(4) 상속분에 관하여도 포괄수증자는 상속인과 동일하게 취급된다.

(5) 유증의 포괄수증자의 부담은 유증의 목적이 가액을 초과하지 않는 범위 내에서만 부담의 의무를 진다.

(6) 기타의 경우에 있어서는 상속의 경우와 동일하므로 유증의 이행을 필요로 하지 않고 유증받은 재산은 수증자에게 귀속한다. 즉 물권적 효력이 생기는 것이다. 따라서 부동산에 있어서는 등기, 동산에 있어서는 인도의 절차를 거치지 않고 소유권을 취득하게 되는 것이다.

◆ 수증자의 과실취득권

제1079조 【수증자의 과실취득권】
수증자는 유증의 이행을 청구할 수 있는 때로부터 그 목적물의 과실을 취득한다. 그러나 유언자가 유언으로 다른 의사를 표시한 때에는 그 의사에 의한다.

■ [요약] 1079. 과실취득권

·수증자는 유증의 이행을 청구할 수 있는 때로부터 그 목적물의 과실을 취득한다.
·그러나 유언자가 유언으로 이와는 다른 의사를 표시한 때에는 그 의사에 의한다.

본조는 특정적 유증의 수증자의 권리를 완전히 실현·완성시키기 위하여 둔 규정이다. 유언의 내용이 과실을 생기게 하는 물건 또는 권리인 경우, 유증의 이행이 늦더라도 유증의 목적물이 수증자에게 처음부터 귀속하고 있었던 것과 같은 이익을 얻게 하려는 취지이다.

수증자는 유증의 이행을 청구할 수 있는 때부터 그 목적물의 과실을 취득한다. 과실은 천연과실이건 법정과실이건 묻지 않는다. 유증의 이행을 청구할 수 있는 때란 단순유증의 경우에는 유언자가 사망하였을 때이며, 조건이 있는 유증의 경우에는 조건이 성취한 때, 시기가 있는 유증의 경우에는 기한이 도래하였을 때이다. 청구할 수 있는 때로부터 과실의 취득권을 얻는 것이며, 현실로 이행을 청구하였느냐의 여부를 따지는 것은 아니다. 그러므로 이때부터 이후에 있어서는 유증의무자가 유증의 목적물의 과실을 수취하였을 때에는 수증자에게 인도할 채무를 지며, 이에 대하여는 제387조에 의하여 지체의 책임을 진다.

그러나 유언자가 유언으로 다른 의사를 표시한 때에는 그 의사에 의한다. 다른 의사란 예컨대 시기가 있는 유증의 경우에 유언자가 사망한 때로부터 과실을 취득시킨다든가 혹은 단순유증의 경우에 유증의 목적물을 점유한 때로부터 과실을 취득시킨다는 등의 의사를 가리킨다.

◈ 유증의무자의 과실수취비용상환청구권

제1080조 【과실수취비용의 상환청구권】

유증의무자가 유언자의 사망후에 그 목적물의 과실을 수취하기 위하여 필요비를 지출한 때에는 그 과실의 가액의 한도에서 과실을 취득한 수증자에게 상환을 청구할 수 있다.

■ [요약] 1080. 비용상환청구권

·유증의무자가 유언자의 사망 후에 그 목적물의 과실을 수취하기 위하여 필요비를 지출한 때에는 그 과실의 가액의 한도에서 과실을 취득한 수증자에게 상환을 청구할 수 있다.

유증의무자가 유언자의 사망 후에 그 목적물의 과실을 수취하기 위하여 필요비를 지출한 때에는 그 과실의 가액에 한도에서 과실을 취득한 수증자에게 상환을 청구할 수 있다(제1080조).

유증의무자가 유증자의 사망 후에 그 목적물의 과실을 수취하기 위하여 지출한 통상의 필요비는 과실의 가액을 초과하지 않는 한도 내에서 상환하여야 한다. 그리고 필요비의 상환은 과실의 가액이 한도내에서만 하는 것이고 그 초과부분은 상환할 필요가 없다. 유증의무자가 수증자에 대한 과실수취비용상환청구권은 유언자가 사망한 후 생긴 필요비에 한하여 할 수 있다. 여기에서의 필요비란 과실을 수취하기 위하여 지출된 모든 비용을 말한다. 그리고 유증의 목적물은 물건뿐만 아니라 권리도 포함한다.

◆ 유증의무자의 비용상환청구권

제1081조 【유증의무자의 비용상환청구권】
유증의무자가 유증자의 사망후에 그 목적물에 대하여 비용을 지출한 때에는 제325조의 규정을 준용한다.

■ [요약] 1081. 비용상환청구권

·유증의무자가 유언의 사망후에 그 목적물에 대하여 비용을 지출한 때에는 유치권자의 비용상
환청구권에 관한 §325의 규정이 준용된다.

수증자는 목적물에 대하여 유증의무자가 유증자의 사망 후
에 지출한 필요비와 유익비를 상환하여야 한다. 가액의 한도에
대해서는 유치권에 관한 제325조의 규정이 준용된다. 즉 유증
의무자가 필요비를 지출한 경우에는 수증자에 대하여 그 전액
을, 또 유익비를 지출한 경우에는 그 가액의 증가 현존한 경우
에 한하여 수증자의 선택에 좇아 그 지출한 금액이나 증가액
의 상환을 청구할 수 있다.

◆ 불특정물 유증의무자의 담보책임

제1082조【불특정물유증의무자의 담보책임】
① 불특정물을 유증의 목적으로 한 경우에는 유증의무자는 그
목적물에 대하여 매도인과 같은 담보책임이 있다.
② 전항의 경우에 목적물에 하자가 있는 때에는 유증의무자는
하자없는 물건으로 인도하여야 한다.

■ [요약] 1082. 불특정물의 유증의무자의 담보책임

·추탈, 하자담보책임
·손해배상만 문제
·해제는 무의미(불가)

본조는 유증이 불특정물을 목적으로 하는 때에 불특정물에

대하여 유증의무자가 매도인과 같은 담보책임을 지도록 하는 동시에 목적물에 하자가 있는 경우에는 하자없는 물건으로 인도하도록 규정한 것이다.

불특정물을 유증의 목적으로 한 경우에는 유증의무자는 그 목적물에 대하여 매도인과 같은 담보책임이 있다. 따라서 유증의무자는 수증자에 대하여 추탈담보책임을 부담하며, 또 목적물에 하자가 있는 때에는 하자없는 물건으로 인도하여야 한다.

하자없는 물건으로 인도할 수 없는 때에는 유증의무자는 손해배상의 책임이 있다. 유증이 특정물을 목적으로 하는 때에는 유증의무자에게 이러한 담보책임이 없다. 특정유증은 그 물건 또는 권리를 유언자 사망 당시의 상태에서 인도하는 것인 이상 당연한 것이다. 증여의 경우의 담보책임과 동일하다.

◆ 유증의 물상대위성

제1083조 【유증의 물상대위성】
유증자가 유증목적물의 멸실, 훼손 또는 점유의 침해로 인하여 제3자에게 손해배상을 청구할 권리가 있는 때에는 그 권리를 유증의 목적으로 한 것으로 본다.

■ [요약] 1083. 유증의 물상대위성

·유증자가 유증목적물의 멸실, 훼손 또는 점유의 침해로 인하여 제3자에게 손해배상을 청구할 권리가 있는 때에는 그 권리를 유증의 목적으로 한 것으로 본다.
·관련법조 : [점유침해로 인한 배상청구권] 상 §638

유증에는 물상대위성이 있는 것을 원칙으로 한다. 즉 유증목적물의 멸실·훼손 또는 점유의 침해로 인한 유언자가 가지고 있는 제3자에 대한 청구권을 곧 유증의 목적물로 보도록 규정한 것이 본조이다.

유증목적물의 멸실, 훼손 또는 점유의 침해로 인하여 유증자가 제3자에 대하여 손해배상청구권을 취득한 때에는 그 권리를 유증의 목적으로 한 것으로 본다(제1083조). 목적물의 멸실에는 목적물에 대한 소유권의 소멸을 포함한다. 유증의 목적물이 유언 당시에 이미 멸실·훼손되어 있는 경우에는 유증자가 제3자에 대하여 손해배상청구권을 가지고 있더라도 이 규정은 적용되지 않는다. 이러한 손해배상청구권은 유언의 효력발생과 동시에 수증자에게 귀속한다. 다만 이 규정이 적용되는 것은 목적물의 멸실 등이 유언서의 작성후에 생기고, 또한 그 손해배상청구권이 존속하고 있는 때이다. 본조는 유언자의 의사해석의 문제이므로 유언자가 유언으로 다른 의사표시를 한 때에는 그 의사에 의한다.

◈ 채권의 유증의 물상대위성

제1084조【채권의 유증의 물상대위성】

① 채권을 유증의 목적으로 한 경우에 유언자가 그 변제를 받은 물건이 상속재산 중에 있는 때에는 그 물건을 유증의 목적으로 한 것으로 본다.

② 전항의 채권이 금전을 목적으로 한 경우에는 그 변제받은 채권액에 상당한 금전이 상속재산 중에 없는 때에도 그 금액을 유증의 목적으로 한 것으로 본다.

·금전이외의 채권 : 본조 1항
·금전채권 : 본조 2항

　본조는 채권으로써 유증의 목적으로 한 경우를 규정한다. 본조 제1항은 금전채권 이외의 채권에 관한 규정으로서 특정물을 목적으로 하는 채권이건 불특정물을 목적으로 하는 채권이건 묻지 않는다.

　금전채권을 유증의 목적으로 한 경우에 유증자가 그 변제를 받은 물건이 상속재산 중에 있는 때에는 그 변제금액에 상당하는 금액이 유산 중에 존재하지 않더라도 그 금액을 유증의 목적으로 한 것으로 본다. 즉 유증의 목적이 된 채권이 금전을 목적으로 하는 경우 그 변제 받은 채권액에 상당한 금전이 상속재산 중에 없을 때에는 그 금전을 유증의 목적으로 한 것이라고 볼 수 있으므로, 유증의무자는 상속재산중에 그 금전이 없는 경우 다른 재산을 환가한다든가 또는 융통하여 수증자에게 변제하지 않으면 안된다.

　유언자가 유언으로 이와 다른 의사를 표시한 때에는 그 의사에 의한다(제1086조).

◆ 제3자의 권리의 목적인 물건 또는 권리의 유증

제1085조【제3자의 권리의 목적인 물건 또는 권리의 유증】
유증의 목적인 물건이나 권리가 유언자의 사망당시에 제3자의 권리의 목적인 경우에는 수증자는 유증의무자에 대하여 그 제

3자의 권리를 소멸시킬 것을 청구하지 못한다.

■ [요약] 1085. 권리소멸청구권의 부인

·유증의 목적인 물건이나 권리가 유언자의 사망 당시에 제3자의 권리의 목적인 경우에는 수증자는 유증의무자에 대하여 그 제3자의 권리를 소멸시킬 것을 청구하지 못한다.
·이 규정도 유언자의 의사를 추측한 것이므로 유언자가 유언으로 다른의사를 표시한 때 그 의사에 의한다.

유증은 유언자가 다른 의사를 표시하지 않는 한 유증의 목적인 물건 또는 권리는 유언자의 사망당시의 현상으로서 수증자에게 인도하려고 한 것이므로 이것은 당연한 규정이다.

유증의 목적이 유언자의 사망당시에 제3자의 권리의 목적으로 되어 있는 경우에는 수증자는 유증의무자에 대하여 그 권리의 소멸을 청구하지 못한다. 이는 매매와 같은 유상계약과는 달리 유증의 무상성을 반영한 것이다. 제3자의 권리는 물권이라도 좋고 채권이라도 좋다.

제3자의 권리의 목적이 된 시기는 유언서 작성전이고 후이건 묻지 않는다. 따라서 유언자가 그 목적물에 관하여 제3자가 권리를 가지고 있는 것을 알건 모르건 묻지 않는다. 이 규정도 유언자의 의사를 추측한 것이므로 유언자가 유언으로 다른 의사를 표시한 때에는 그 의사에 의한다. 예컨대 유언자가 유증의무자에 대하여 유증의 목적물에 관하여 제3자가 가지는 모든 권리를 제거하여 완전한 권리로서 수증자에게 인도하도록 유언한 경우에는 그에 따른다.

제1086조【유언자가 다른 의사표시를 한 경우】
전3조의 경우에 유언자가 유언으로 다른 의사를 표시한 때에는 그 의사에 의한다.

■ [요약] 1086. 유언자가 다른 의사를 표시한 경우

·앞의 3조의 경우에 유언자가 유언으로 다른 의사를 표시한 경우에는 그 의사에 의한다.

본조는 유언자가 전3조의 규정과 다른 의사표시를 한 경우의 유증의 효력에 관한 규정이다. 상기 제규정은 유증자의 의사를 추정한 규정이기 때문에, 이와 다른 유증자의 의사표시가 있으면 당연히 그에 따라야 한다.

즉 제1083조 내지 제1085조의 규정은 유증의 물상대위성, 채권의 유증의 물상대위성 및 제3자의 권리의 목적인 물건이나 권리의 유증에 관한 일반원칙을 규정하고 있으나, 이러한 규정은 선량한 풍속 기타 사회질서에 영향이 없는 당사자 사이의 편의에 관한 규정이고 유언자가 유언에 의한 이러한 문제에 관해 특별한 의사표시를 하지 않은 경우의 보충적 규정이다.

◆ 상속재산에 속하지 아니한 권리의 유증의 효력

제1087조【상속재산에 속하지 아니한 권리의 유증】
① 유언의 목적이 된 권리가 유언자의 사망당시에 상속재산에

속하지 아니한 때에는 유언은 그 효력이 없다. 그러나 유언자가 자기의 사망당시에 그 목적물이 상속재산에 속하지 아니한 경우에도 유언의 효력이 있게 할 의사인 때에는 유증의무자는 그 권리를 취득하여 수증자에게 이전할 의무가 있다.

② 전항 단서의 경우에 그 권리를 취득할 수 없거나 그 취득에 과다한 비용을 요할 때에는 그 가액으로 변상할 수 있다.

■ [요약] 1087. 상속재산에 속하지 않은 권리의 유증

·원칙 : 본조 1항 본문
·예외 : 본조 1항 단서, 2항
·권리소멸청구권의 부인 : 목적물은 상속재산에 속하나 제3자의 제한물권, 임차권 등의 권리의 대상이 된 경우, 그러나 유증자에게 이들 권리의 소멸청구권 있으면 다른 의사표시 없으면 종된 권리로서 수증자에게 이전

특정적 유증의 내용에 관하여 유증의 목적이 된 권리가 유언자의 사망 당시에 상속재산에 속하지 않을 때에는 그 유증은 효력이 없다. 즉 유증의 내용은 유언의 효력이 발생할 때를 표준으로 하여 그 범위가 확정되는 것을 원칙으로 하는 것이다.

따라서 유언자가 유언 당시에는 사망할 때까지 취득하여 유증하려는 의사를 가지고 타인이 소유하는 동산 또는 부동산을 유증의 목적으로 하였으나, 사망할 때까지 목적물을 취득할 수 없었을 경우나, 유언 당시에는 틀림없이 유언자의 소유에 속하여 있었으나 그 후 권리의 변동이 있어서 유증의 효력이 발생한 때에는 타인의 소유에 속하고 있는 경우, 등에는 모두 유증의 목적물의 인도가 불가능하므로, 유증의 효력이 생기지 않는

다. 그러나 유언자가 자기의 사망 당시에 그 목적물이 상속재산에 속하지 아니한 경우에도 유언의 효력을 있게 할 의사인 때에는 유언집행자는 그 권리를 취득하여 수증자에게 이전할 의무가 있고, 유언의무자가 그 권리를 취득할 수 없거나 또는 그 취득에 과다한 비용을 요할 때에는 수증자에게 그 가액으로 변상할 수 있다. 이것도 유언자의 의사를 추측한 것이므로 유언자가 다른 의사를 표시한 때에는 그 의사에 의하여야 한다.

과다여부는 목적물의 가격을 표준으로 정해야 할 것이다. 그러나 처음부터 권리의 취득을 시도하지 않고 가액을 변상할 수는 없다고 할 것이다. 목적물의 가액의 산정은 시가에 의한다.

◨ 핵심판례 ◨

■ [소유권이전등기등]
1. 수인의 유언집행자에게 유증의무 이행을 구하는 소송이 유언집행자 전원을 피고로 하는 고유필수적 공동소송인지 여부(적극)

상속인이 유언집행자가 되는 경우를 포함하여 유언집행자가 수인인 경우에는, 유언집행자를 지정하거나 지정위탁한 유언자나 유언집행자를 선임한 법원에 의한 임무의 분장이 있었다는 등의 특별한 사정이 없는 한, 유증 목적물에 대한 관리처분권은 유언의 본지에 따른 유언의 집행이라는 공동의 임무를 가진 수인의 유언집행자에게 합유적으로 귀속되고, 그 관리처분권 행사는 과반수의 찬성으로써 합일하여 결정하여야 하므로, 유언집행자가 수인인 경우 유언집행자에게 유증의무의 이행을 구하는 소송은 유언집행자 전원을 피고로 하는 고유필수적 공동소송으로 봄이 상당하다.

2. 수인의 유언집행자 중 1인만을 피고로 하여 유증의무 이행을 구하는 소송을 제기한 사안에서, 유언집행자 지정 또는 제3자의 지정 위탁이 없는 한 상속인 전원이 유언집행자가 되고, 유언집행자에 대하여 민법 제1087조 제1항 단서에 따라 유증의무의 이행을 구하는 것은 유언집행자인 상속인 전원을 피고로 삼아야 하는 고유필수적 공동소송이라고 한 사례

수인의 유언집행자 중 1인만을 피고로 하여 유증의무 이행을 구하는 소송을 제기한 사안에서, 유언집행자 지정 또는 제3자의 지정 위탁이 없는 한 상속인 전원이 유언집행자가 되고, 유증의무자인 유언집행자에 대하여 민법 제1087조 제1항 단서에 따라 유증의무의 이행을 구하는 것은 유언집행자인 상속인 전원을 피고로 삼아야 하는 고유필수적 공동소송이라고 한 사례. (대법원 2011.6.24. 선고 2009다8345 판결)

◈ 부담있는 유증의 수증자의 책임의 범위

제1088조 【부담있는 유증과 수증자의 책임】

① 부담있는 유증을 받은 자는 유증의 목적의 가액을 초과하지 아니한 한도에서 부담한 의무를 이행할 책임이 있다.

② 유증의 목적의 가액이 한정승인 또는 재산분리로 인하여 감소된 때에는 수증자는 그 감소된 한도에서 부담할 의무를 면한다.

·초과부분만 무효
·부담 이행기의 시가 표준

부담있는 유증이란 유언자가 유언증서 중에서 수증자에게 자기, 그 상속인 또는 제3자를 위하여 일정한 의무를 이행하는 부담을 과한 유증이다. 부담있는 유증은 수증자에 대하여 한편으로는 이익을 주지만, 다른 한편으로는 부담의 구속을 받게 하는 것이다. 그러나 부담있는 이행을 기다리지 않고 유증의 효력이 생긴다. 또 부담의 불이행을 해제조건으로 하는 조건있는 유증도 아니므로, 부담의 불이행이 있더라도 유증이 당연히 효력을 잃는 것은 아니다. 부담있는 유증은 단지 의무를 부담시킬 뿐이며, 유증의 효력의 발생 또는 소멸을 정지시키는 조건있는 유증이 아니다.

부담부 유증에 있어서는 부담은 목적물의 가액을 초과할 수 없다. 부담이 유증의 목적의 가액을 초과한 때에는 그 초과한 부분만 무효가 된다. 따라서 부담있는 수증자는 그 부분의 이행을 거절할 수 있고, 이미 초과하여 이행한 것의 반환을 청구할 수 있다.

유증의 목적물의 가액이 한정승인 또는 재산분리로 인하여 감소된 때에는 수증자는 그 감소된 한도에서 부담할 의무를 면한다.

상속인이 한정승인을 하거나 상속채권자 등이 재산분리를 청구하면 수증자는 상속채권자에게 변제한 후가 아니면 변제를 받을 수 없으므로 완전한 변제를 받는 것은 대개의 경우

불가능하다.

◈ 상속의 한정승인

【답변】➡ 한정승인이란 상속인이 상속받을 재산의 한도에서 사망한 자의 채무와 유증(遺贈)을 변제할 것을 조건으로 상속을 승인하는 것으로써, 한정승인신고는 상속인이 상속개시 있음을 안 날로부터 3월내에 사망한 자의 최후주소지 가정법원에 상속재산의 목록을 첨부하여 할 수 있으며, 가정법원의 허가를 얻어 그 신고기간을 연장할 수도 있습니다.(민법 제998조, 제1019조, 제1030조).

다만, 상속인이 상속채무가 상속재산을 초과한 사실을 중대한 과실없이 상속개시 있음을 안 날로부터 3개월 내에 알지 못하고 단순승인(제1026조 제1호 및 제2호의 규정에 의하여 단순승인한 것으로 보는 경우를 포함한다)을 한 경우에는 그 사실을 안 날로부터 3개월 내에 한정승인을 할 수 있습니다.(민법 제1019조 제3항)

한정승인을 한 경우에는 상속채무와 상속인의 책임이 분리되어 상속채무가 상속재산을 초과해도 상속재산의 한도에서 변제책임이 있는 일종의 유한책임이므로 상속인은 자신의 고유재산으로 상속채무를 변제할 필요가 없습니다(민법 제1028조). [법률구조공단자료. 참고만 하세요]

◈ 피상속인의 재산과 상속인 재산의 분리

【질의】➡ 저는 甲에게 사업관계로 4,000만원을 대여해주면서 지불각서를 받아 두었으나, 최근 甲이 사망하여 甲의 재산전부를 甲의 외아들이 상속하였습니다. 그런데 상속인은 낭비벽이 심하고 채무 또한 많아 甲의 상속재산과 상속인의 고유재산이 혼합될 경우 저의 채권을 변제 받지 못할 것만 같습니다. 이 경우 피상속인의 상속재산으로부터 저의 채권을 우선변제 받을 수 없는지요?

【답변】➡ 우선변제 받을 수 있습니다.

상속에 의하여 상속재산과 상속인재산의 혼합이 생긴 경우, 상속재산이 채무초과이면 상속인의 채권자가 불이익을 입게 되고, 상속인의 고유재산이 채무초과이면 상속채권자가 불이익을 입게 됩니다. 그러므로 피상속인 또는 상속인 각각의 고유재산을 믿고 거래한 채권자가 상속으로 인하여 양 재산의 혼합으로 불이익을 받지 않도록 양 재산의 관계를 별도로 하는 것이 필요합니다.

이를 위하여 민법은 상속채권자나 유증 받은 자 또는 상속인의 채권자는 상속 개시된 날로부터 3월내에 상속재산과 상속인의 고유재산의 분리를 법원에 청구할 수 있습니다(민법 제1045조 제1항). 그러나 상속인이 상속의 승인이나 포기를 하지 않는 동안은 3월의 기간이 경과한 후에도 재산분리청구가 허용됩니다(민법 제1045조 제2항).

법원이 재산분리를 명하는 심판을 하면 분리청구권자는 5일 안에 일반상속채권자와 유증을 받은 사람에 대하여 재산분리명령이 있은 사실과 2개월 이상의 기간을 정하고 그 기간 안에 채권 또는 유증 받은 사실을 신고할 것을 공고하여야 합니다(민법 제1046조 제1항).

또한, 알고 있는 상속채권자 또는 유증 받은 사람에 대해서는 별도로 채권신고를 최고하여야 합니다(민법 제1046조 제2항).

그리고 부동산에 관한 법률행위로 인한 물권의 득실변경은 이를 등기하지 않으면 그 효력이 발생하지 않지만(민법 제186조), 상속으로 인한 부동산에 관한 물권의 취득은 예외로 등기를 필요로 하지 않는 것으로 되어 있습니다(민법 제187조).

그러나 상속재산이 분리된 경우에는 상속재산에 대하여 권리를 취득한 제3자의 이익을 보호하고 거래의 안전을 도모하기 위하여 분리된 상속재산 중 부동산에 관하여는 등기하지 않으면 제3자에게 대항할 수 없도록 하였습니다(민법 제1049조). 여기서 제3자란 상속인의 채권자뿐만 아니라 모든 제3자를 포함하는데, 동산의 경우에는 선의의 제3자는 선의취득의 법리에 의하여 보호받을 수 있습니다(민법 제249조).

상속인은 상속재산의 분리청구기간(상속이 개시된 날로부터 3월내)과 상속채권자와 유증에 대한 공고기간(2

월 이상)이 만료하기 전에는 상속채권자와 유증 받은 자에 대하여 변제를 거절할 수 있습니다(민법 제1051조 제1항). 위의 기간이 만료한 후에는 상속인은 상속재산으로써 재산의 분리를 청구하였거나 또는 그 기간 내에 신고한 상속채권자, 유증 받은 자에 대하여 각 채권액 또는 수증액의 비율로 변제하여야 합니다(민법 제1051조 제2항 본문). 그러나 질권·저당권 등의 우선권이 있는 채권자에 대하여는 상속재산으로써 우선적으로 변제하여야 합니다(민법 제1051조 제2항 단서).

따라서 위 사안의 경우 귀하는 가정법원에 상속이 개시된 후 3개월 이내에 재산분리신청을 하여 피상속인의 고유재산으로부터 상속인의 채권자보다 우선하여 채권을 변제 받을 수 있을 것입니다. [법률구조공단자료. 참고만 하세요]

【서식】 한정승인청구서

상속한정승인청구

청구인(상속인) 성명 : 김갑동 (휴대전화 :   , 집전화:)
　　　　　　　　주민등록번호 :
　　　　　　　　주소 ○○시 ○○구 ○○동 ○○
　　　　　　　　등록기준지 : ○○시 ○○구 ○○동 ○○
사건본인(사망자) 성명 : 이을녀   주민등록번호 :
　　　　　　　　주소 : ○○시 ○○구 ○○동 ○○
　　　　　　　　등록기준지 : ○○시 ○○구 ○○동 ○○
　　　　　　　　최후주소 : ○○시 ○○구 ○○동 ○○

청 구 취 지

청구인이 피상속인 망 이을녀의 재산상속을 함에 있어 별지 상속재산목록을 첨부하여서 한 한정
승인신고는 이를 수리한다.
라는 심판을 구합니다.

청 구 원 인

1. 청구인 김갑동은 피상속인 망 이을녀의 구입니다.
2. 피상속인 망 이을녀는 20○○년 ○월 ○일에 최후주소지에서 사망하여 청구인은 상속이 개시된
   것을 알았습니다.
3. 그런데 피상속인은 별지 목록과 같은 다액의 은행대출금채무 등을 가지고 있는 반면 피상속인
   이 남긴 상속 재산은 별지목록 표시의 재산밖에 없으므로 청구인은 피상속인이 진 채무를 상
   환할 능력이 없으므로 별지목록 표시 상속재산의 한도에서 피상속인의 채무를 변제할 것을 조
   건으로 한정승인하고자 이 심판청구에 이른 것입니다.

첨 부 서 류

1. 청구인들의 가족관계등명서1통
1. 청구인들의 주민등록등본1통
1. 청구인들의 인감증명서1통
1. 피상속인(망인)의 폐쇄가족관계등록부에 따른 기본증명서1통
(단, 피상속인이 2008.1.1 이전에 사망한 경우에는 제적등본)
1. 피상속인의 말소된 주민등록등본1통
1. 상속관계를 확인할 수 있는 제적등본1통
(또는 가족관계기록사항에 관한 증명서)
1. 가계도(직계비속이 아닌 경우)
1. 상속재산목록(청구인 수 + 1부)

20○○년　○월　○일

청 구 인 김갑동 (인)

○○지방법원 귀중

별　지

재산목록
1. 피상속인의 소유재산
 가. 대구 ○○구 ○○동 아파트 전세보증금 ○○○원
 나. 최후주소지상 가재도구 등 유체동산
2. 피상속인의 채무
 가. ○○ 은행 대출원리금 채무 금 ○○○원
 나. ○○ 신용카드 대출원리금 채무 ○○○원
- 이 상 -

* 상속인이 수인인 경우는 모두 기재하여야 합니다.

* 별지 재산 목록은 자세하게 기재하여야 합니다. 한정승인의 경우는 청구인의 청구에 따라 법원이 수리를 하는 것에 불과하므로 고의로 누락한 경우 채권자가 별도의 소송에서 한정승인 수리 무효를 주장할 수 있습니다. 따라서 채권자가 한정승인에 대한 무효를 주장하지 않도록 정확하게 기재하고, 특히 상속받은 적극재산을 누락하지 않도록 주의 해야 합니다.

◘ 상속재산과 상속인 재산의 분리

【답변】 ➡ 피상속인의 사망으로 상속이 개시되었으나 상속될 재산과 상속받을 자의 고유재산관계가 불분명한 경우에는 상속재산과 상속인 고유재산의 분리를 법원에 청구할 수 있습니다.

상속채권자나 유증(遺贈)받은 자 또는 상속인의 채권자는 상속이 개시된 날로부터 3월 이내에, 상속인이 상속의 승인이나 포기를 하지 아니한 동안에는 3개월의 기간이 경과한 후에라도 상속재산의 분리를 청구할 수 있으며, 상속인이나 상속재산에 대한 파산선고시에도 재산분리의 청구를 할 수 있습니다(민법 제1045조).

법원의 재산분리명령이 있는 경우 분리청구권자는 5일내에 상속채권자와 유증받은 사람에게 2개월 이상의 기간을 정하여 채권 또는 유증 받은 사실을 신고할 것을 공고하여야 합니다. 이 기간동안 상속인은 상속채권자와 유증 받은 자에 대하여 변제를 거절할 수 있으나, 기간이 만료된 후에는 상속재산에서 우선권이 있는 채권자에게 먼저 변제하고 상속채권자와 유증받은 자에게 각 채권액 또는 수증액의 비율로 변제하여야 합니다. 만일, 상속채권자와 유증받은 자가 상속재산으로는 전액의 변제를 받을 수 없는 경우에는 상속인의 고유재산으로부터 상속인의 채권자가 우선변제를 받은 후 남은 재산에 대하여 그 변제를 받을 수 있습니다

(민법 제1046조, 제1051조, 제1052조). [법률구조공단자료. 참고만 하세요]

【서식】 상속재산의분리심판청구서

상속재산의분리심판청구서

청 구 인 ○ ○ ○ (휴대전화 :   , 집전화:)
　　　　주민등록번호 :
　　　　주소　○○시 ○○구 ○○동 ○○
　　　　등록기준지 :　○○시 ○○구 ○○동 ○○

피상속인 △ △ △　　　　주민등록번호 :
　　　　주소 : ○○시 ○○구 ○○동 ○○
　　　　등록기준지 :　○○시 ○○구 ○○동 ○○
　　　　최후주소 :　○○시 ○○구 ○○동 ○○

상 속 인　▽ ▽ ▽ (휴대전화 :   , 집전화:)
　　　　주민등록번호 :
　　　　주소　○○시 ○○구 ○○동 ○○
　　　　등록기준지 :　○○시 ○○구 ○○동 ○○

청　구　취　지

　피상속인 망 △△△의 상속재산과 상속인 ▽▽▽의 고유재산을 분리한다.
라는 심판을 바랍니다.

청　구　원　인

1. 청구인은 상속인 ▽▽▽의 채권자이고 피상속인은 20○○. ○. ○. 사망으로 상속이 개시되었는
　바,
2. 청구인은 피상속인의 채무가 상속재산을 초과하므로 상속인의 재산과 피상속인의 재산이 혼입
　되는 것을 막기 위하여 민법 제1045조에 의하여 상속재산 분리를 청구합니다.

첨 부 서 류

1. 1. 피상속인(망인)의 폐쇄가족관계등록부에 따른 기본증명서1통
(단, 피상속인이 2008.1.1 이전에 사망한 경우에는 제적등본)
1. 말소주민등록등본(피상속인의 것)   1통
1. 주민등록표등본   1통
1. 납 부 서   1통

20○○년 ○월 ○일

위 청구인 ○ ○ ○ (인)

○ ○ 지 방 법 원   귀중

제1089조【유증효력발생전의 수증자의 사망】
① 유증은 유언자의 사망전에 수증자가 사망한 때에는 그 효력이 생기지 아니한다.
② 정지조건있는 유증은 수증자가 그 조건 성취전에 사망한 때에는 그 효력이 생기지 아니한다.

■ [요약] 1089. 유증의 효력

·수증자가 유언자의 사망전에 사망한 경우에는 유증의 효력은 생기지 않는다.
·또 정지조건 있는 유증에 있어서도 수증자가 그 조건 성취전에 사망한 경우에는 유증의 효력은 생기지 않는다.

유증에는 특유한 무효원인이 세 가지 있으며, 모두 유언자의 의사해석의 문제이다.

(1) 유증에 특유한 무효원인은 다음과 같다.

① 유언자보다 수증자가 먼저 사망한 경우, ② 정지조건부 유증에 있어서는 그 조건성취 전에 수증자가 사망한 경우, ③ 유증의 목적물이 유언자가 사망한 때에 상속재산에 속하지 않은 경우이다.

(2) 정지조건부 유증에 있어서 수증자가 그 조건성취 전에 사망하면 수증자가 취득한 조건부권리는 이론상 그 상속인에게 상속되어야 한다. 그러나 민법은 유언자의 의사는 특정인에게 재산을 주는 것으로 보고 조건성취 전에 수증인이 사망한 때에는 그 효력이 생기지 아니한다고 규정하였다. 그러나 유언자는 이것과 다른 의사를 표시해 둘 수도 있다. 상속개시전에

상속인이 사망하면 그 직계비속이 대습상속하는 것과 달라서 수증자가 유증자보다 먼저 사망한 때에는 수증자의 상속인은 대습수증자가 되지 않고 유증의 효력이 상실되는 경우로서는 유언의 효력발생시에 수증자가 수증결격자가 될 때이다.

(3) 시기부인 유증은 그 기한도래 전에 수증자가 사망하더라도 유증은 무효가 되지 아니하면, 수증자의 상속인에게 승계된다.

◆ 유증의 무효 · 실효의 효과

제1090조【유증의 무효, 실효의 경우와 목적재산의 귀속】 유증이 그 효력이 생기지 아니하거나 수증자가 이를 포기한 때에는 유증의 목적인 재산은 상속인에게 귀속한다. 그러나 유언자가 유언으로 다른 의사를 표시한 때에는 그 의사에 의한다.

■ [요약] 1090. 유증의 무효, 실효의 효과

·본문 : 상속인에게
·단서 : 다른 의사표시

유증의 효력이 생기지 않거나, 수증자가 이를 포기한 때에는 유증의 목적인 재산은 상속인에게 귀속한다(제1090조 본문).

본조의 적용이 있는 것은 ① 유증이 그 효력이 생기지 않을 때이다. 즉 유언능력이 없는 자가 유증을 한 때, 수증자가 유언의 효력발생시에 결격자인 때 등이 그것이다. ② 특정적 유증의 포기에 의하여 그 효력이 없어진 때이다.

　수증자가 유증의 효력발생 전에 사망한 경우에는 유증의 효력은 생기지 않지만 유증은 상속이 아니므로, 이 경우 수증자의 상속인은 수증자를 대습하여 유증을 받을 수는 없다. 그러나 유증자의 의사로써 수증자의 상속인을 보충수증자로 지정할 수는 있다.

　유증이 무효인 경우에는 수증자가 받을 수 있었던 부분을 상속인에게 귀속시키는 것을 원칙으로 하지만, 유언자가 유언으로 그것과 다른 의사를 표시한 때에는 그 의사에 따른다. 즉 유언자가 무효가 되는 유증의 목적물을 다른 수증자에게 귀속시킨다든가 그 밖에 제3자나 사회단체에 귀속시키는 경우에는 그 의사표시에 따라야 하는 것이다.

▣ 핵심판례 ▣

가. 유증의 방식에 관한 민법 제1065조 내지 제1072조가 사인증여에 준용되는지 여부(소극)

　민법 제562조는 사인증여에 관하여는 유증에 관한 규정을 준용하도록 규정하고 있지만, 유증의 방식에 관한 민법 제1065조 내지 제1072조는 그것이 단독행위임을 전제로 하는 것이어서 계약인 사인증여에는 적용되지 아니한다.

나. 포괄유증의 효력에 관한 민법 제1078조가 포괄적 사인증여에도 준용되는지 여부(소극)

　민법 제562조가 사인증여에 관하여 유증에 관한 규정을 준용하도록 규정하고 있다고 하여, 이를 근거로 포괄적 유증을 받은 자는 상속인과 동일한 권리의무가 있다고 규정

하고 있는 민법 제1078조가 포괄적 사인증여에도 준용된
다고 해석하면 포괄적 사인증여에도 상속과 같은 효과가
발생하게 된다. 그러나 포괄적 사인증여는 낙성·불요식의
증여계약의 일종이고, 포괄적 유증은 엄격한 방식을 요하
는 단독행위이며, 방식을 위배한 포괄적 유증은 대부분 포
괄적 사인증여로 보여질 것인바, 포괄적 사인증여에 민법
제1078조가 준용된다면 양자의 효과는 같게 되므로, 결과
적으로 포괄적 유증에 엄격한 방식을 요하는 요식행위로
규정한 조항들은 무의미하게 된다. 따라서 민법 제1078조
가 포괄적 사인증여에 준용된다고 하는 것은 사인증여의
성질에 반하므로 준용되지 아니한다고 해석함이 상당하다
(대법원 1996. 4. 12. 선고 94다37714, 37721 판결).

제 4 절 유언의 집행

이 절에서는 주로 유언의 효력이 생긴후에 유언의 내용을
실현시키기 위하여 어떻게 하는가 하는 사무적인 집행방법이
정해져 있다. 그리고 그 집행은 유언집행자가 담당한다.
유언집행자(executor, adminstator ;
Testamentsvollstrecker ; exécuteur testamentaire)란 유언
의 내용을 실현시키기 위한 직무권한을 가진 자를 말한다. 위
임계약의 수임인의 지위에 있다. 유언집행자는 유언자가 직접
지정하거나 유언자의 위탁을 받아 제3자가 지정한 지정유언집
행자(제1093조)와, 유언자 또는 제3자에 의하여 지정된 유언
집행자가 없는 경우에 상속인이 당연히 취임하게 되는 법정유

언집행자(제1095조), 그리고 유언집행자가 없는 경우 또는 사망 기타의 사유로 인하여 유언집행자가 없게 된 경우에 가정법원이 선임하는 선임유언집행자(제1096조)의 세 가지가 있다.

　제한능력자와 파산자는 유언집행자가 되지 못한다(제1098조). 지정 또는 선임에 의한 유언집행자는 상속인의 대리인으로 보는 동시에 유언집행자의 관리처분 또는 상속인과의 법률관계에 대하여는 위임관계의 규정을 준용하고 있다(제1103조). 즉 유언집행자는 유언의 집행에 필요한 모든 행위를 할 권리의무가 있다. 지정 또는 선임에 의한 유언집행자는 정당한 사유가 있는 때에는 가정법원의 허가를 얻어 그 임무를 사퇴할 수 있고(제1105조), 또 지정 또는 선임에 의한 유언집행자가 그 임무를 해태하거나 적당하지 아니한 사유가 있는 때에는 가정법원은 상속인 기타의 이해관계인의 청구에 의하여 유언집행자를 해임할 수 있다(제1106조).

◈ 유언의 집행 : 유언증서 · 녹음의 검인

제1091조【유언증서, 녹음의 검인】
① 유언의 증서나 녹음을 보관한 자 또는 이를 발견한 자는 유언자의 사망후 지체없이 법원에 제출하여 그 검인을 청구하여야 한다.
② 전항의 규정은 공정증서나 구수증서에 의한 유언에 적용하지 아니한다.

■ [요약] 1091. 유언의 검인

·유언집행의 준비절차
·유언의 증서나 녹음을 보관한 자 또는 이를 발견한 자는 유언자의 사망 후 지체없이 가정법원에 제출하여 그 검인을 청구하여야 한다.
·검인은 유언증서나 녹음의 외형을 검증하여 그 성립, 존재를 확보하는 절차에 그치기 때문에 공정증서나 구수증서에 의한 유언에는 검인이 필요없다.

본조는 유언의 검인에 관하여 규정한 것이다.

1. 의 의

검인이란 유언의 집행 전에 유언서의 상태를 확정하고 후일에 위조·변조를 예방하고 그 보존을 확실하게 할 것을 목적으로 하는 행위이다. 따라서 검인의 실질은 유언의 형식, 태양 등 오직 유언의 방식에 관한 일체의 사실을 조사하여 유언서 자체의 상태를 명확하게 할 뿐이며, 유언내용의 전부, 효력의 유효 등 유언서의 실체상의 효과를 판단하는 것이 아닌 일종의 증거보전절차이다. 그러므로 검인을 거쳤다고 해서 유언의 유효성이 인정된 것은 아니다. 또 유언서의 내용·형성이 어떠하든 검인의 신청을 각하할 수 없다. 이와 같이 검인은 증거보전절차이므로 유언의 의의를 심사하는 확인과는 다르다.

2. 절 차

(1) 유언서와 녹음을 보관한 자 또는 이를 발견한 상속인은 상속의 개시를 안 후 지체없이 유언서나 녹음을 가정법원에 제출하여 그 검인을 청구하여야 한다. 그러나 발견자가 상속인이 아닌 때에는 검인신청의 의무는 없다.

공정증서나 구수증서에 의한 유언에 관하여는 이 절차가 면제된다.

(2) 검인의 신청은 상속개시지의 가정법원에 하여야 한다(가소
규 제86조). 신청을 받은 가정법원은 유언의 방식에 관한 모든
사실을 조사하고, 그 결과에 의거하여 일정한 법정사항을 기재
한 조서를 작성하여야 한다(가소규 제86조 3항, 제87조).

　　검인을 함에 있어서 입회인은 필요하지 않으나 입회하지
아니한 신청인, 상속인, 수증자 기타 이해관계인 등에게 검인
한 사실을 통지하여야 한다(가소규 제88조 1항). 유언의 검인
의 청구를 각하한 심판에 대하여는 수증자 기타 이해관계인은
유언의 검인에 대하여 즉시항고를 할 수 있다.

[검　　　인]

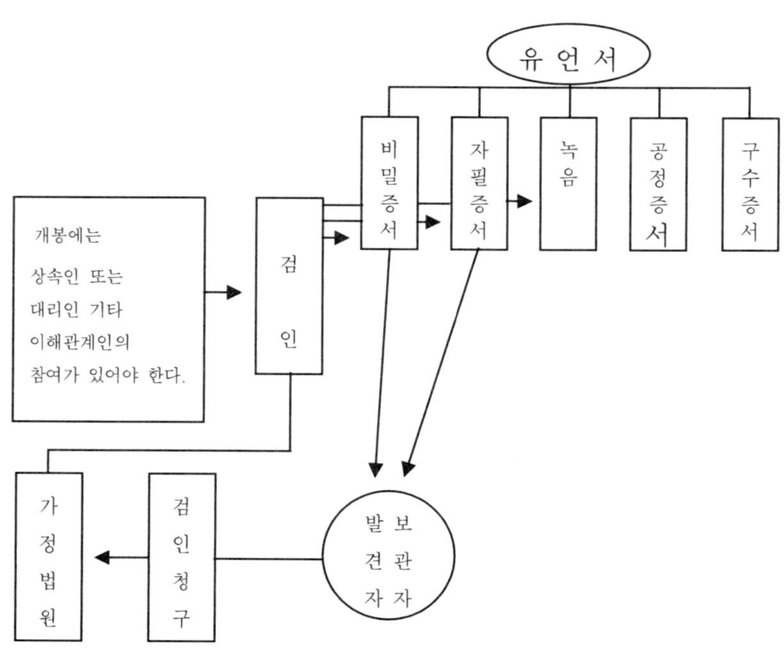

◆ 유언의 집행 : 유언증서의 개봉

제1092조【유언증서의 개봉】

법원이 봉인된 유언증서를 개봉할 때에는 유언자의 상속인, 그 대리인 기타 이해관계인의 참여가 있어야 한다.

■ [요약] 1092. 유언의 개봉

·유언집행의 준비절차
·가정법원이 봉인된 유언증서를 개봉할 때에는 유언자의 상속인, 그 대리인 기타 이해관계인의 참여가 있어야 한다.

본조는 가정법원은 봉인된 유언증서를 개봉할 때에는 유언자의 상속인 그 대리인 그 밖의 이해관계인의 참여하에 개봉을 하도록 규정하였다. 검증의 취지와 같다.

개봉은 봉인된 유언서의 봉을 뜯어 언제라도 유언서의 내용을 밝힐 수 있는 상태에 두는 것이다. 봉인된 유언서(비밀증서 유언은 반드시 봉인되어 있다. 제1069조 2항)를 집행함에 있어서는 봉을 뜯고 유언의 내용을 밝혀야 한다.

그 때 검인을 요청하는 것과 같은 취지에서 위조·변조를 예방하고 유언서의 형상을 그대로 보전하기 위하여 가정법원이 봉인된 유언서를 개봉할 때에는 유언자의 상속인·그 대리인 기타 이해관계인이 참여하여야 한다.

가정법원이 개봉기일에 상속인, 그 대리인 기타 이해관계인을 소환하였음에도 불구하고 출석하지 않을 경우에는 이러한 자들의 참여없이 개봉할 수 있다고 해석하여야 할 것이다. 개봉에 관하여도 조서를 작성하여야 하며(가소규 제87조 1항), 가정법원은 개봉시 출석하지 않은 상속인 그 밖의 유언의 내용에 관계있는 자에게 그 사실을 고지하여야 하고 상속인등은 가정법원의 허가를 얻어 작성된 조서를 열람할 수 있을 것이다. 열람에 필요한 비용은 검인비용과 같이 상속재산 중에서 지출된다.

◈ 유언집행자의 지정방식

제1093조 【유언집행자의 지정】
 유언자는 유언으로 유언집행자를 지정할 수 있고 그 지정을 제3자에게 위탁할 수 있다.

■ [요약] 1093. 유언집행자의 지정

·유언자는 유언으로 유언집행자를 지정할 수 있고 그 지정을 제3자에게 위탁할 수 있다.

1. 유언의 집행의 의의
 유언의 집행이란 유언의 내용을 법적으로 실현하는 수단이다. 즉 유언에 의
하여 표시된 유언자의 의사를 구체적으로 실현하는 행위를 말한다.
2. 유언집행자의 의의
유언에는 유언의 효력발생과 동시에 유언자의 의사가 실현되어 집행을 필요로 하지 아니하는 것이 있다. 그러나 많은 경우에 이전등기를 한다든가, 물건을 인도한다거나 하여 무엇인가

특별한 행위를 요한다. 이와같이 유언의 취지를 실현시키기 위한 특별한 절차를 유언의 집행이라고 하며, 이를 실현하기 위하여 특별한 임무를 맡은 자를 유언집행자라고 한다. 유언집행자는 유언의 최종의사의 수행을 임무로 하므로 유언자의 신분관계 및 재산관계에 관한 최종의사의 실현을 충실히 담당하여야 한다.

3. 유언집행자의 결정

유언집행자는 유언자가 가장 신임하는 자 중에서 지정될 것이다. 유언자는 유언으로 유언집행자를 지정할 수 있고 그 지정을 제3자에게 위탁할 수 있다.

유언집행자는 자연인에게 한하지 않고 때로는 재산에 관한 유언의 집행을 신탁회사가 담당할 수 있다. 그러나 자연인이라도 결격사유가 있는 자, 즉 무능력자 및 파산자는 유언집행자가 될 수 없다. 유언집행자의 지정 또는 그 지정의 제3자에 대한 위탁은 반드시 유언으로 하여야 하며 이 유언은 집행되어야 할 유언과 동일한 필요는 없다.

◈ 위탁에 의한 유언집행자의 지정

제1094조 【위탁에 의한 유언집행자의 지정】

① 전조의 위탁을 받은 제3자는 그 위탁있음을 안 후 지체없이 유언집행자를 지정하여 상속인에게 통지하여야 하며 그 위탁을 사퇴할 때에는 이를 상속인에게 통지하여야 한다.

② 상속인 기타 이해관계인은 상당한 기간을 정하여 그 기간 내에 유언집행자를 지정할 것을 위탁받은 자에게 최고할 수

있다. 그 기간내에 지정의 통지를 받지 못한 때에는 그 지정의
위탁을 사퇴한 것으로 본다.

■ [요약] 1094. 위탁에 의한 유언집행자의 지정

·지정을 위탁받은 제3자는 그 위탁있음을 안 후 지체없이 유언집행자를 지정하여 상속인에게
통지하여야 하며, 그 위탁을 사퇴할 때에는 이를 상속인에게 통지하여야 한다.
·유언집행자가 지정되지 않고 그대로 시일이 경과되면 상속인 기타의 이해관계인은 매우 곤란
하므로 상당한 기간을 정하여 그 기간내에 유언집행자를 지정할 것을 위탁받은 자에게 최고할
수 있으며, 그 기간내에 지정의 통지를 받지 못한 때에는 그 지정의 위탁을 사퇴한 것으로 본
다.

전조에 의하여 지정위탁의 유언의 효력이 생기더라도 지정
된 자는 당연히 유언집행자를 지정하여야 할 임무가 지워지는
것은 아니며 이를 승낙함으로써 비로소 그 임무를 부담하는
것이다. 따라서 민법은 유언집행의 신속을 기하기 위하여 위탁
받은 제3자에 대해서 본조에 의한 의무를 지도록 규정하였다.

위탁을 받은 제3자는 그 위탁있음을 안 후 지체없이 유언집
행자를 지정하여 상속인에게 통지하여야 한다.

유언집행의 신속을 위하여 상속인 또는 이해관계인으로 하
여금 지정을 위탁받은 제3자에게 상당한 기간을 정하여 지정
을 최고할 수 있다. 그 최고기간 내에 상속인이 통지를 받지
못한 때에는 그 지정의 위탁을 사퇴한 것으로 본다. 왜냐하면
지정위탁자가 유언집행자를 지정할 수 없다고 볼 수 있기 때
문이다.

여기서 이해관계인이란 상속인 이외의 상속채권자, 수증자,
수증자의 채권자 등 유언집행자에 대하여 이해관계를 가진 자
를 말한다. 상당한 기간이란 유언집행자의 지정을 위탁받은 제

3자가 상속인에게 회답함에 충분한 기간을 말한다. 따라서 이 것은 구체적 사정에 응하여 객관적으로 판단되어야 할 것인데, 이를테면 지정거주자의 거주지의 원근, 직업, 건강상태 등을 고려하여야 할 것이다. 그리고 최고는 문서에 의하건 구두로 하건 상관없다.

◆ 유언에 의하여 유언집행자를 지정하지 않은 때의 유언집행자

제1095조【지정유언집행자가 없는 경우】
전2조의 규정에 의하여 지정된 유언집행자가 없는 때에는 상속인이 유언집행자가 된다.

■ [요약] 1095. 지정유언집행자가 없는 경우

·상속인
·유언자 또는 유언자의 위탁을 받은 제3자의 지정에 의한 유언집행자가 없는 때에는 상속인이 유언집행자가 된다.

본조에서 유언집행자가 없는 때란 ① 제1093조의 규정에 의하여 유언자가 유언으로 유언집행자를 지정하지 않든가, 그 지정을 제3자에게 위탁하지 않은 경우, ② 제3자에게 위탁하였더라도 그 위탁 받은 자가 수락을 하지 않고 사퇴한 경우, ③ 유언집행자를 지정할 것을 위탁받은 자가 상속인 기타 이해관계인으로부터 최고를 받고도 최고기간내에 유언집행자 지정의 통지를 하지 않은 경우이다.

유언의 집행에는 친생부인(제850조), 인지(제859조 2항), 입양(제880조) 등의 경우를 제외하면 반드시 유언집행자를 별도로 임명하여야 하는 것은 아니다. 상속인 자신이 유언을 집행할 수 있는 경우도 있다. 그러나 유언집행은 상속인의 이익에 반하는 경우도 있으므로 특별히 유언집행자를 정할 필요가 있는 경우가 대부분이다. 그래서 입법론으로는 유언집행자가 없는 경우에 상속인은 유언을 집행함에 있어서 그 관계자의 사이에 이해가 상반되므로 가정법원의 선임에 의하는 것이 타당할 것이다. 따라서 본조의 입법이유는 그 의미가 없다고 할 수 있다.

◨ 핵심판례 ◧

■ [소유권이전등기말소]

1. 유언집행자가 있는 경우, 유증 목적물 관련 소송에서 상속인의 원고적격이 인정되는지 여부(소극)

　유언집행자는 유증의 목적인 재산의 관리 기타 유언의 집행에 필요한 모든 행위를 할 권리의무가 있으므로, 유증 목적물에 관하여 마쳐진, 유언의 집행에 방해가 되는 다른 등기의 말소를 구하는 소송에 있어서는 유언집행자가 이른바 법정소송담당으로서 원고적격을 가진다고 할 것이고, 유언집행자는 유언의 집행에 필요한 범위 내에서는 상속인과 이해상반되는 사항에 관하여도 중립적 입장에서 직무를 수행하여야 하므로, 유언집행자가 있는 경우 그의 유언집행에 필요한 한도에서 상속인의 상속재산에 대한 처분권은 제한되며 그 제한 범위 내에서 상속인은 원고적격이 없다.

2. 지정유언집행자가 사망·결격 기타 사유로 자격을 상실한 경우,

상속인이 민법 제1095조에 의하여 유언집행자가 될 수 있는지
여부(소극)

민법 제1095조는 유언자가 유언집행자의 지정 또는 지정위
탁을 하지 아니하거나 유언집행자의 지정을 위탁받은 자가
위탁을 사퇴한 때에 한하여 적용되는 것이므로, 유언자가
지정 또는 지정위탁에 의하여 유언집행자의 지정을 한 이
상 그 유언집행자가 사망·결격 기타 사유로 자격을 상실하
였다고 하더라도 상속인은 민법 제1095조에 의하여 유언집
행자가 될 수는 없다.

3. 지정유언집행자가 해임된 이후 법원에 의하여 새로운 유언집행
자가 선임되지 아니한 경우, 상속인의 원고적격이 인정되는지
여부(소극)

유증 등을 위하여 유언집행자가 지정되어 있다가 그 유언
집행자가 사망·결격 기타 사유로 자격을 상실한 때에는 상
속인이 있더라도 유언집행자를 선임하여야 하는 것이므로,
유언집행자가 해임된 이후 법원에 의하여 새로운 유언집행
자가 선임되지 아니하였다고 하더라도 유언집행에 필요한
한도에서 상속인의 상속재산에 대한 처분권은 여전히 제한
되며 그 제한 범위 내에서 상속인의 원고적격 역시 인정될
수 없다. (대법원 2010.10.28. 선고 2009다20840 판결)

◆ 법원이 유언집행자를 선임하는 경우

제1096조【법원에 의한 유언집행자의 선임】
① 유언집행자가 없거나 사망, 결격 기타 사유로 인하여 없게

된 때에는 법원은 이해관계인의 청구에 의하여 유언집행자를
선임하여야 한다.

② 법원이 유언집행자를 선임한 경우에는 그 임무에 관하여
필요한 처분을 명할 수 있다.

■ [요약] 1096. 선임유언집행자

·유언집행자가 없거나 사망, 결격 기타 사유로 인하여 없게 된 때에는 가정법원은 이해관계인
의 청구에 의하여 유언집행자를 선임한다.

·가정법원이 이와 같이 유언집행자를 선임한 경우에는 그 임무에 관하여 필요한 처분을 명할
수 있다.

유언집행자가 없거나 사망·결격 기타 사유로 인하여 없게 된
때에는 이해관계인의 청구에 의하여 가정법원의 심판으로 유
언집행자를 선임하여야 한다.

가정법원이 위와 같이 유언집행자를 선임한 경우에는 그 임
무에 관하여 필요한 처분을 명할 수 있다. 필요한 처분이란 유
언집행자가 그 임무를 수행하는데 필요한 처분을 말한다.

여기서 「유언집행자가 없다」는 것은 상속인이 없는 경우일
것이다. 「사망·결격 기타 사유」 중에서 「결격사유」로서는 무
능력자 또는 파산자를 말하며, 「기타사유」로서는 유언집행자
가 임무종료전에 사퇴하거나 해임된 경우 등이다. 여기서 이해
관계인이란 상속인, 상속채권자, 수증자, 수증자의 채권자 등
유언의 집행에 관하여 이해관계를 가지는 자를 말한다. 이 청
구는 상속개시지의 가정법원에 이를 하여야 할 것이다. 청구를
받은 가정법원은 유언집행자의 선임을 필요로 하는 경우에는
반드시 이를 선임하여야 한다. 당해 유언의 무효가 일견 명백

한 때에는 선임청구를 각하할 수도 있다고 본다. 선임청구를 각하한 심판에 대해서는 신청인 기타 이해관계인은 즉시항고를 할 수 있다.

가정법원이 이와 같이 유언집행자를 선임한 경우에는 그 임무에 관하여 필요한 처분을 명할 수 있다(제1096조 2항). 필요한 처분이란 유언집행자가 그 임무를 수행하는 데 필요한 처분을 말한다.

◼ 핵심판례 ◼

■ [법원에 의한 유언집행자의 선임]

1. 2인의 유언집행자중 1인이 단독으로 한 공동유언집행자의 추가선임신청의 당부

유언집행자가 2인인 경우 그 중 1인이 나머지 유언집행자의 찬성 내지 의견을 청취하지 아니하고도 단독으로 법원에 공동유언집행자의 추가선임을 신청할 수 있다 할 것이므로 이러한 단독신청행위가 공동유언집행방법에 위배되었다거나 기회균등의 헌법정신에 위배되었다고 볼 수 없다 (1987. 9. 29. 제4부 판결 86스11 유언집행자해임청구각하심판에대한재항고).

2. 누구를 유언집행자로 선임하느냐의 문제가 법원의 재량에 속하는지 여부

민법 제1096조에 의한 법원의 유언집행자 선임은 유언집행자가 전혀 없게 된 경우뿐만 아니라 유언집행자의 사망, 사임, 해임 등의 사유로 공동유언집행자에게 결원이 생긴 경우와 나아가 결원이 없어도 법원이 유언집행자의 추가선임

이 필요하다고 판단한 경우에 이를 할 수 있는 것이고, 이 때 누구를 유언집행자로 선임하느냐는 문제는 민법 제1098 조 소정의 유언집행자의 결격사유에 해당하지 않는 한 당 해 법원의 재량에 속하는 것이다(대결 1995. 12. 4. 95스32).

■ 핵심판례 ■

■ [유언집행자선임]

1. 유언집행자로 지정된 자가 취임의 승낙을 하지 아니한 채 사망· 결격 기타 사유로 유언집행자의 자격을 상실한 경우, 민법 제 1096조에 의하여 이해관계인이 법원에 유언집행자의 선임을 청 구할 수 있는지 여부(적극)

재항고이유를 본다.

「 민법 제1095조는 유언자가 유언집행자의 지정 또는 지 정위탁을 하지 아니하거나 유언집행자의 지정을 위탁받은 자가 위탁을 사퇴한 때에 한하여 적용되는 것이고, 유언자 가 지정 또는 지정위탁에 의하여 유언집행자의 지정을 한 이상 그 유언집행자가 취임의 승낙을 하였는지를 불문하고 사망·결격 기타 사유로 유언집행자의 자격을 상실한 때에 는 민법 제1096조에 의하여 이해관계인이 법원에 유언집 행자의 선임을 청구할 수 있다.」

원심이 이와 달리 유언집행자로 지정된 자가 취임의 승낙 을 하지 아니한 채 사망한 경우에는 유언집행자의 지정이 무효로 되고 따라서 민법 제1095조에 의해 상속인이 유언 집행자로 된다는 견해를 취하여 재항고인의 이 사건 청구를 각하한 제1심의 결론을 유지하고 재항고인의 항고를 기각한 것은 민법 제1095조 및 제1096조에 관한 법리를 오해하여 재판에 영향을 미친 위법이 있다.

그러므로 나머지 재항고 이유에 관하여 판단할 필요 없이 원심결정을 파기하고, 사건을 다시 심리·판단하게 하기 위하여 원심법원에 환송하기로 하여 관여 대법관의 일치된 의견으로 주문과 같이 판결한다. (대법원 2007.10.18. 자 2007스31 결정)

◆ 유언집행자의 승낙, 사퇴의 방식

제1097조【유언집행자의 승낙, 사퇴】

① 지정에 의한 유언집행자는 유언자의 사망후 지체없이 이를 승낙하거나 사퇴할 것을 상속인에게 통지하여야 한다.

② 선임에 의한 유언집행자는 선임의 통지를 받은 후 지체없이 이를 승낙하거나 사퇴할 것을 법원에 통지하여야 한다.

③ 상속인 기타 이해관계인은 상당한 기간을 정하여 그 기간내에 승낙여부를 확답할 것을 지정 또는 선임에 의한 유언집행자에게 최고할 수 있다. 그 기간내에 최고에 대한 확답을 받지 못한 때에는 유언집행자가 그 취임을 승낙한 것으로 본다.

■ [요약] 1097. 유언집행자의 결정

·유언자 또는 위탁받은 제3자에 의하여 지정된 유언집행자는 유언의 사망후 지체없이 이를 승낙하거나 사퇴할 것을 상속인에게 통지하여야 한다.
·그리고 유언집행자가 미정인 채 수일을 경과하면 상속인 기타 이해관계인은 지장이 많으므로 상당한 기간을 정하여 그 기간내에 승낙여부를 확답할 것을 지정에 의한 유언집행자에게 최고할 수 있다. 그 기간내에 최고에 대한 확답을 받지 못한 때에는 유언집행자가 그 취임을 승낙한 것으로 본다.
·가정법원의 선임에 의한 유언집행자는 선임의 통지를 받은 후 지체없이 이를 승낙하거나 사퇴할 것을 가정법원에 통지하여야 한다 .
·이 경우에 유언집행자가 미정인 채로 있으면 이해관계인은 지장이 많으므로 상당한 기간을 정하여 그 기간내에 승낙여부를 확답할 것을 선임에 의한 유언집행자에게 최고할 수 있다. 그 기간내에 최고에 대한 확답을 받지 못한 때에는 유언집행자가 그 취임을 승낙한 것으로 본다.

지정유언집행자나 선임유언집행자는 그 지정 또는 선임을 수락할 것인가의 여부가 본인의 자유의사에 의한 결정에 맡겨져 있으므로 만일 지정 또는 선임의 수락여부를 지연하면 유언의 집행이 곤란하게 되어 상속인 또는 그 밖의 이해관계인에게 적지 않은 피해를 주게 될 우려가 있다.

따라서 유언자 또는 위탁받은 제3자에 의하여 지정된 유언집행자는 유언집행자의 사망 후 지체없이 이를 승낙하거나 퇴임할 것을 상속인에게 통지하여야 한다.

지정 또는 선임된 유언집행자에게는 취임의 의무가 주어져 있는 것은 아니다. 그러므로 상속인 또는 이해관계인은 상당한 기간을 정하여 승낙여부의 확답을 최고할 수 있고, 그 기간 내에 최고에 대한 확답을 받지 못한 때에는 유언집행자가 그 취임을 승낙한 것으로 본다.

유언집행자가 회답을 보낼 상대방에 대하여 민법에 명문의 규정은 없으나 사무처리의 편의상 상속인에 한한다고 해석되어야 할 것이다. 그러나 지정을 위탁받은 제3자(지정위탁자)에게 회답하여도 무방할 것이다.

◈ 유언집행자가 될 수 없는 자

제1098조【유언집행자의 결격사유】
제한능력자와 파산선고를 받은 자는 유언집행자가 되지 못한다. [전문개정 2011. 3 .7] [시행일 2013.7.1]

■ [요약] 1098. 유언집행자의 결격

·의사무능력자는 유언집행자가 될 수 없다.
·제한능력자 : 미성년자 등
·그 밖의 자, 즉 상속인, 유언집행자의 지정을 위탁받은 자, 법인 등은 유언집행결격자가 아니다.

유언집행자는 무능력자와 파산자 이외의 자연인이 되는 것이 원칙이나 경우에 따라서는 상속인, 지정위탁자 그리고 법인도 유언집행자가 될 수 있을 것이다. 그러나 무능력자가 아니더라도 의사무능력자인 광인이나 백치는 유언집행자가 될 수 없을 것이다.

제한능력자와 파산선고를 받은 자는 유언집행자가 되지 못한다. 민법총칙에서 대리인은 행위능력자에 한하지 않는다는 원칙에 대한 예외이다. 결격자를 유언집행자로 지정한다면 그것은 당연히 무효가 된다. 그러므로 가정법원도 결격자를 유언집행자로 선정할 수 없다. 그러나 결격자가 유언집행자로서 한 행위는 원칙적으로는 무효로 한다. 하지만, 이를 일종의 무권

대리로 보아 상속인이 추인할 때에는 유효하게 된다고 해석하
여도 무방할 것이다.

◈ 유언집행자의 임무착수의 시기

제1099조【유언집행자의 임무착수】
유언집행자가 그 취임을 승낙한 때에는 지체없이 그 임무를
이행하여야 한다.

■ [요약] 1099. 유언집행자의 임무착수

·유언집행자가 그 취임을 승낙한 때에는 지체없이 그 임무를 이행하여야 한다.

지정유언집행자나 선임유언집행자가 유언집행자로 취임하느
냐의 여부는 전적으로 본인들의 자유의사에 달려있다. 그러나
일단 취임을 승낙한 이상은 상속인 또는 이해관계인에게 미치
는 영향이 크므로 유언집행의 신속을 기하기 위하여 유언집행
자가 그 취임을 승낙한 때에는 지체없이 그 임무를 이행하여
야 한다.

그리고 유언집행자가 승낙하여야 할 상대방은 상속인에 한
한다고 보아야 할 것이며, 승낙의 의사표시없이 유언집행에 착
수한 경우에는 이것을 승낙한 것으로 보아야 한다. 유언집행자
가 취임을 승낙한 때에는 지체없이 유언의 내용실현을 위한
사무에 착수하여야 할 권리의무가 있으므로 이를 위반하였을
때에는 수임인의 선관의무위반 등의 책임이 생긴다.

민법은 유언인지의 경우 취임일로부터 1월 이내에 인지신고
를 하여야 한다는 의무를 부과하였다.

◆ 유언집행자의 재산목록작성

제1100조 【재산목록작성】

① 유언이 재산에 관한 것인 때에는 지정 또는 선임에 의한 유언집행자는 지체없이 그 재산목록을 작성하여 상속인에게 교부하여야 한다.

② 상속인의 청구가 있는 때에는 전항의 재산목록작성에 상속인을 참여하게 하여야 한다.

■ [요약] 1100. 재산목록의 작성

·유언이 재산에 관한 것인 때에는 지정 또는 선임에 의한 유언집행자는 지체없이 그 재산목록을 작성하여 상속인에게 교부하여야 한다.

·상속인의 청구가 있을 때에는 재산목록작성에 상속인을 참여하게 하여야 한다.

유언이 재산에 관한 것일 때 지정 또는 선임유언집행자는 상속재산의 상황을 명백히 하기 위하여 취임후 지체없이 재산목록을 작성하여 이를 상속인에게 교부하도록 하였다. 따라서 상속인은 이 자료를 통하여 상속재산의 가액을 파악할 수 있게 되고 상속을 승인 또는 포기할 것인지의 여부를 결정하게 된다.

그 임무의 내용은 다음과 같다. 먼저 상속재산의 목록을 작성하여 상속인에게 교부하여야 한다. 상속인의 청구가 있으면 상속인을 재산목록작성에 참여하게 하여야 한다.

즉 재산목록의 작성은 유언집행자 단독으로 하는 것이 원칙이겠지만 상속인이 참여를 청구한 때에는 상속인 참여하에서 재산목록을 작성하도록 하였다. 상속인의 참여를 인정한 것은 재산목록작성의 공정을 기하려는 취지에서 나온 것이라고 생각된다.

◈ 유언집행자의 권리의무

제1101조 【유언집행자의 권리의무】
유언집행자는 유증의 목적인 재산의 관리 기타 유언의 집행에 필요한 행위를 할 권리의무가 있다.

■ [요약] 1101. 유언집행자의 권리의무 일반

·유언집행자는 유증의 목적인 재산의 관리 기타 유언의 집행에 필요한 행위를 할 권리의무가 있다.

유언집행자의 임무는 유언자의 최종의 의사를 유언의 본지에 좇아서 집행하는데 있다. 이 때문에 유언집행자는 여러 가지 권리의무를 가진다. 본조는 일반적인 유언집행자의 권리의무를 규정한다.

이 재산목록에 따라서 유언집행자는 상속재산을 관리하고, 유언집행자에 필요한 일체의 행위를 할 권리·의무가 있다.

상속등기의 말소청구, 채권증서의 인도 등의 권리주장과 유증된 물건에 관한 채권의 이행을 수령하는 등의 수령행위, 그리고 소송·가처분신청, 재단법인설립을 위한 절차 등, 재판상·재판외의 일체의 행위를 할 수 있는 것이다.

유언집행자의 권리의무의 범위는 법률의 규정에 의하여 정해지는 경우에도 유언집행자는 유언자의 의사에 따라서 집행하는 것이므로 법정의 범위를 제한하더라도 상관없다. 따라서 유언집행자의 권리의무의 범위는 유언의 취지여하에 따라서 정해지는 것이며, 이에 제한을 가할 수 있는 것이다.

◼ 핵심판례 ◼

◼ [유언집행자의해임]

1. 유언집행자가 유언의 해석에 관하여 상속인과 의견을 달리한다거나 혹은 유언집행자가 유언집행에 방해되는 상태를 야기하고 있는 상속인을 상대로 유언의 충실한 집행을 위하여 자신의 직무권한 범위에서 가압류신청 또는 본안소송을 제기함으로써 일부 상속인들과 유언집행자 사이에 갈등이 초래되었다는 사정만으로 유언집행자의 해임사유가 있다고 할 수 있는지 여부(소극)

지정 또는 선임에 의한 유언집행자에게 임무해태 또는 적당하지 아니한 사유가 있는 때에는 법원은 상속인 기타 이해관계인의 청구에 의하여 유언집행자를 해임할 수가 있으나(민법 제1106조), 유언집행자는 유증의 목적인 재산의 관리 기타 유언의 집행에 필요한 모든 행위를 할 권리의무가 있을 뿐만 아니라(민법 제1101조) 유언의 집행에 필요한 범위 내에서는 상속인과 이해상반되는 사항에 관하여도 중립적 입장에서 직무를 수행하여야 하므로, 유언집행자가 유언의 해석에 관하여 상속인과 의견을 달리한다거나 혹은 유언집행자가 유언의 집행에 방해되는 상태를 야기하고 있는 상속인을 상대로 유언의 충실한 집행을 위하여 자신의 직무권한 범위에서 가압류신청 또는 본안소송을 제기하고

이로 인해 일부 상속인들과 유언집행자 사이에 갈등이 초
래되었다는 사정만으로는 유언집행자의 해임사유인 '적당하
지 아니한 사유'가 있다고 할 수 없으며, 일부 상속인에게
만 유리하게 편파적인 집행을 하는 등으로 공정한 유언의
실현을 기대하기 어려워 상속인 전원의 신뢰를 얻을 수 없
음이 명백하다는 등 유언집행자로서의 임무수행에 적당하
지 아니한 구체적 사정이 소명되어야 한다.

2. 갑이 망 을의 유언에 따라 유언집행자로 지정되었고, 위 유언에
따른 분배대상 재산에는 부동산과 금융자산이 있었는데, 상속개
시 이후 위 금융자산 대부분이 이미 인출되었음을 알게 된 갑
이 상속인들에게 기인출된 돈의 반환을 요구하면서 아직 인출
되지 않고 남아 있던 돈을 갑의 예금계좌로 이체시켜 보관한
사안에서, 단지 유언집행자의 지위에서 보관 중인 위 예금채권
에 대한 상속인들의 분배요구를 거절한 사정만으로 유언집행자
로서 적당하지 아니한 해임사유가 있다고 본 원심결정에는 유
언집행자의 지위와 해임사유에 관한 법리 오해의 위법이 있다
고 한 사례

갑이 망 을의 유언에 따라 유언집행자로 지정되었고, 위 유
언에 따른 분배대상 재산에는 부동산과 금융자산이 있었는
데, 상속개시 이후 위 금융자산 대부분이 이미 인출되었음
을 알게 된 갑이 상속인들에게 기인출된 돈의 반환을 요구
하면서 아직 인출되지 않고 남아 있던 돈을 갑의 예금계좌
로 이체시켜 보관한 사안에서, 유언집행자의 지위에서 보관
중인 위 예금채권에 대한 상속인들의 분배요구를 거절하였
다고 하여 이를 임무해태 내지 불공정한 직무수행으로 단

정하기도 어려움에도, 갑에게 공정한 유언의 실현을 기대하기 어려워 상속인 전원의 신뢰를 얻을 수 없음이 명백하다고 볼 만한 구체적 사정이 있는지에 관하여 더 나아가 심리해 보지 아니한 채, 단지 위와 같은 사정만으로 유언집행자로서 적당하지 아니한 해임사유가 있다고 단정한 원심결정에는 유언집행자의 지위와 해임사유에 관한 법리를 오해하여 필요한 심리를 다하지 아니한 위법이 있다고 한 사례.

(대법원 2011.10.27. 자 2011스108 결정)

◆ 유언집행자가 수인인 경우 임무의 수행

제1102조 【공동유언집행】

유언집행자가 수인인 경우에는 임무의 집행은 그 과반수의 찬성으로써 결정한다. 그러나 보존행위는 각자가 이를 할 수 있다.

■ [요약] 1102. 공동유언집행자

·유언집행자가 수인인 경우에는 임무의 집행은 그 과반수의 찬성으로써 결정한다.
·가부동수로써 과반수를 얻을 수 없는 경우에는 이를 해임하여 새로 유언집행자를 선임한다.
·그러나 보존행위는 각자가 이를 할 수 있다.

유언집행자가 수인인 경우에는 임무의 집행은 그 과반수의 찬성으로써 결정한다(제1102조 본문). 가부동수로서 과반수를 얻을 수 없는 경우에는 유언집행자를 해임하여 새로 유언집행자를 선임하거나 유언집행자를 추가 선임할 수 밖에 없을 것이다(제1102조 본문). 그러나 보존행위는 각자가 단독으로 독립하여 할 수 있다(동조 단서). 이러한 행위는 이것을 그대로 방치하여 둔다면 후에 구제할 수 없는 손해가 생길 염려가 있으므로 각자 단독으로 할 수 있도록 한 것이다.

◈ 유언집행자의 법률상 지위

제1103조 【유언집행자의 지위】
① 지정 또는 선임에 의한 유언집행자는 상속인의 대리인으로 본다.
② 제681조 내지 제685조, 제687조, 제691조와 제692조의 규정은 유언집행자에 준용한다.

■ [요약] 1103. 유언집행자의 지위

·유언집행자는 상속인의 대리인으로 본다(학설대립, 민법규정).
·유언집행자의 관리처분권 또는 상속인과의 법률관계에 대해서는 위임관계의 규정, 즉 §681 내지 §685, §687, §691 및 §692의 규정을 유언집행자에 준용한다.

유언집행자가 이러한 행위를 함에 있어서는 상속인의 대리인으로 본다. 이 규정을 어떻게 해석할 것인가? 다시 말해서 유언집행자의 법적지위를 어떻게 보는가에 관하여는 법률구성상 많은 문제가 있다.

학설도 ① 유언자의 대리인설, ② 임무설, ③ 신탁법상의 수탁자와 동일시하는 설 등으로 나뉘어 있다. 그러나 여하튼 유언집행자는 실질적으로는 유언자의 대리인이지만 우리 민법에서는 사자의 인격을 인정하지 않기 때문에 편의상 상속인을 본인으로 하여 집행의 효과를 상속인에게 귀속시키면서 적정하게 집행할 수 있도록 하기 위하여 의제한 것이다(이근식, 한봉희, 김주수).

유언집행자는 집행에 관한 개개의 행위에 대하여 제3자에게 위임할 수 있다. 그러나 자기에 갈음할 자를 후임하는 것은 유언자가 후임을 인정하였거나 부득이한 사유가 있는 경우에 한한다(제1103조 2항에 의한 제682조의 준용).

유언집행자는 상속인의 대리인으로 보는 결과 위임에 관한 규정이 준용된다. 즉 선량한 관리자로서의 주의의무(제681조), 복임권의 제한(제682조), 상속인 또는 수증자에 대한 사무보고의무(제683조), 취득물을 인도, 이전할 의무(제684조), 금전소비(제685조), 비용선급청구권(제687조), 위임종료시의 긴급처리(제691조), 위임종료의 대항요건(제692조)의 규정이 준용된다.

▣ 핵심판례 ▣

■ 유증 목적물 관련 소송에서의 유언집행자의 당사자 적격 유무(적극) 및 민법 제1103조 제1항의 규정 취지

유언집행자는 유증의 목적인 재산의 관리 기타 유언의 집행에 필요한 모든 행위를 할 권리의무가 있으므로, 유증 목적물에 관하여 경료된, 유언의 집행에 방해가 되는 다른 등기의 말소를 구하는 소송에 있어서는 유언집행자가 이른바 법정소송담당으로서 원고적격을 가진다고 할 것이고, 유언집행자는 유언의 집행에 필요한 범위 내에서는 상속인과 이해상반되는 사항에 관하여도 중립적 입장에서 직무를 수

행하여야 하므로, 유언집행자가 있는 경우 그의 유언집행에 필요한 한도에서 상속인의 상속재산에 대한 처분권은 제한되며 그 제한 범위 내에서 상속인은 원고적격이 없다고 할 것이다. 민법 제1103조 제1항은 "지정 또는 선임에 의한 유언집행자는 상속인의 대리인으로 본다."고 규정하고 있으나, 이 조항은 유언집행자의 행위의 효과가 상속인에게 귀속함을 규정한 것이지, 유언집행자의 소송수행권과 별도로 상속인 본인의 소송수행권도 언제나 병존함을 규정한 것은 아니다(대법원 2001. 3. 27. 선고 2000다26920 판결).

◈ 유언집행자의 보수지급방법

제1104조【유언집행자의 보수】

① 유언자가 유언으로 그 집행자의 보수를 정하지 아니한 경우에는 법원은 상속재산의 상황 기타 사정을 참작하여 지정 또는 선임에 의한 유언집행자의 보수를 정할 수 있다.

② 유언집행자가 보수를 받는 경우에는 제686조 제2항, 제3항의 규정을 준용한다.

■ [요약] 1104. 유언집행자의 보수

·유언자가 유언으로 그 집행자의 보수를 정하지 않은 경우에는 가정법원은 상속재산의 상황 기타 사정을 참작하여 지정 또는 선임에 의한 유언집행자의 보수를 정할 수 있다.
·위의 보수에 관해서는 위임의 경우에 수임인의 보수에 관한 규정이 준용된다.

유언집행자에 대한 보수는 유언자가 정하지 아니하면 가정법원이 상속재산액의 다소, 사무의 복잡성 여부, 유언집행자의 신분지위, 수입 등 일체의 사정을 고려하여 정할 수 있다. 이 경우에 유언집행자가 보수를 희망하지 않는다면 무보수가 된다. 유언집행자의 보수에 대하여는 수임인의 보수청구에 관한 규정이 준용된다.

유언집행자는 유언집행의 사무를 종료한 후가 아니면 그 보수를 청구하지 못하며, 기간으로 보수를 정한 때에는 그 기간이 경과한 후에 이를 청구할 수 있다(제686조 2항). 그리고 유언집행자가 사무를 처리하는 중에 유언집행자에게 책임없는 사유로 인하여 사무가 종료된 때에는 유언집행자는 이미 처리한 사무의 비율로 보수를 청구할 수 있다(제686조 3항).

◆ 유언집행자의 사퇴

제1105조 【유언집행자의 사퇴】
지정 또는 선임에 의한 유언집행자는 정당한 사유 있는 때에는 법원의 허가를 얻어 그 임무를 사퇴할 수 있다.

■ [요약] 1105. 사퇴

·지정 또는 선임에 의한 유언집행자는 정당한 사유가 있는 때에는 가정법원의 허가를 얻어 그 임무를 사퇴할 수 있다.
·사퇴의 정당한 사유 : 질병, 공무, 외국여행, 원거리에 있는 곳으로의 이전으로 인하여 유언집행의 임무를 수행할 수 없게 된 경우
·관련법조 : [허가절차] 가소 §2① 라류사건 42호, §40

지정 또는 선임에 의한 유언집행자는 정당한 사유가 있는 때에는 가정법원의 허가를 얻어 그 임무를 사퇴할 수 있다.

사퇴의 정당한 사유로서는 질병·공무·외국여행·원거리 거주등

의 이유로 유언집행의 임무를 수행할 수 없는 경우를 말한다. 이것은 가정법원의 심판으로써 하며, 사퇴의 효력은 허가의 심판의 고지에 의하여 생긴다. 사퇴허가의 심판에 대하여 불복신청은 원칙적으로 불가능하나 사퇴청구를 각하한 심판에 대하여는 즉시항고를 할 수 있을 것이다.

◈ 유언집행자의 해임사유 및 절차

제1106조 【유언집행자의 해임】
지정 또는 선임에 의한 유언집행자에 그 임무를 해태하거나 적당하지 아니한 사유가 있는 때에는 법원은 상속인 기타 이해관계인의 청구에 의하여 유언집행자를 해임할 수 있다.

■ [요약] 1106. 유언집행자의 해임

·지정 또는 선임에 의한 유언집행자에게 그 임무를 해태하거나 적당하지 않은 사유가 있는 때에는 가정법원은 상속인 기타 이해관계인의 청구에 의하여 유언집행자를 해임할 수 있다.
·이리하여 유언집행자가 없게 된 때에는 가정법원은 이해관계인의 청구에 의하여 새로운 유언집행자를 선임한다(§1069①).

　지정유언집행자나 선임유언집행자는 그 임무를 해태하거나 유언집행자로서 적당하지 아니한 사유가 있는 때에는 가정법원은 상속인 기타 이해관계인의 청구에 의하여 유언집행자를 해임할 수 있다. 이리하여 유언집행자가 없게 된 때에는 가정법원은 이해관계인의 청구에 의하여 새로운 유언집행자를 선임한다.

　새로운 유언집행자가 선임될 때까지의 사이에서 종래의 유언집행자가 부담하게 될 선관의무와 퇴임 또는 해임의 대항에 대해서는 위임에 관한 규정이 준용된다.

위임에 있어서 각 당사자가 항상 해지할 수 있다는 법리와 취지를 달리한다. 여기서도 이해관계인이란 상속채권자, 수증자, 수증자의 채권자 등 유언의 집행에 관하여 이해관계를 가진 자를 말한다. 해임은 상속인 또는 이해관계인의 청구에 의하여 상속개시지의 가정법원의 심판으로 하게 된다. 그리고 해임의 효력은 해임의 심판이 유언집행자에게 고지된 때에 생긴다.

◆ 유언집행비용의 지급방법

제1107조【유언집행의 비용】
유언의 집행에 관한 비용은 상속재산 중에서 이를 지급한다.

■ [요약] 1107. 유언집행비용

·유언의 집행에 관한 비용은 상속재산 중에서 이를 지급한다.
·비용으로서는 유언증서의 검인청구비용(§1091), 상속재산목록작성비용(§1100), 상속재산의 관리비용(§1101), 유언집행자의 보수(§1104), 권리이전을 위한 등기, 등록비용, 유언의 집행에 관하여 생긴 소송비용 등이 있다.

제 5 절   유언의 철회

유언은 사람의 최종의 의사를 존중하는 제도이므로 유언자가 유효한 유언을 한 후라도 생전에는 언제든지 아무런 이유가 없더라도 자유로이 그 전부 또는 일부를 철회할 수 있다. 효력이 발생하지 않는 동안의 의사표시의 철회는 원칙적으로 자유이지만, 유언의 경우에는 특히 그 자유가 강조되어 유언자는 그 철회권을 포기할 수 없도록 하였다. 따라서 유언자는 유언을 철회하지 않는다는 계약을 체결하더라도 그 계약은 무효이다. 유언이 사람의 최종의 의사를 존중하는 제도이므로 이것은 당연한 것이다.

◆ 유언의 임의철회

제1108조 【유언의 철회】
① 유언자는 언제든지 유언 또는 생전행위로써 유언의 전부나 일부를 철회할 수 있다.
② 유언자는 그 유언을 철회할 권리를 포기하지 못한다.

■ [요약] 1108. 유언의 철회

·방식 : 임의철회
·효과 : ① 유언은 처음부터 없었던 것과 같은 효과
　　　　② 철회의 효과 처음의 유언이 효력 부활

　유언은 유언자의 최종의사를 존중하는 제도이며 또한 단독행위이기 때문에 한 번 유언을 하였더라도 그 후에 유언자에게 유언당시와 다른 사정변경이 생겨 그 의사를 변경하고자 할 때에는 후행의사에 의하여 선행의사를 배척하고 선행유언서에 표시된 의사의 효력이 발생하는 것을 방지하고 있다. 이것을 유언의 철회라고 한다. 특히 유언자가 임의로 철회하는 것이므로 이것을 임의철회라고 부른다.

유언자는 언제든지 유언 또는 생전행위로써 유언의 전부 또는 일부를 철회할 수 있다. 유언자는 유효한 유언을 한 후라도 그 생전에는 언제든지 자유롭게 유언을 철회할 수 있는 것이다.

유언자에게 유언철회의 자유가 인정되고 있는 것은, 유언은 사람의 최종의사를 존중하며 그 실현을 보장하기 위한 제도이므로 보다 후에 표시될 필요가 있기 때문이다. 유언철회의 자유는 이른바 유언자유의 원칙의 일면이다.

이 철회의 자유를 완전하게 확보하기 위하여 민법은 유언을 철회할 권리를 포기하지 못하도록 하고 있다. 요컨대 이 철회권의 포기는 유언자를 구속하지 아니하며, 설사 이를 포기하더라도 그 후 다시 유언을 철회하는 것은 자유인 것이다. 그런데 유언은 유언자의 사후에야 비로소 효력이 생긴다(제1073조 1항).

유언의 철회는 아무런 특별한 조항이 없음에도 불구하고 유언자가 철회의 유언 기타 생전행위로써 일단 유효하게 성립된 유언의 효력발생을 저지하는 것이다.

◆ 유언의 법정철회

제1109조【유언의 저촉】
전후의 유언이 저촉되거나 유언후의 생전행위가 유언과 저촉되는 경우에는 그 저촉된 부분의 전유언은 이를 철회한 것으로 본다.

·전후의 유언이 저촉되는 경우

·유언후의 생전행위가 유언과 저촉되는 경우

민법은 위의 임의철회 이외에 다음과 같은 경우에만 법률상 당연히 유언의 철회가 있는 것으로 보고 있다. 이것을 법정철회라고 한다. 법정철회는 유언자의 최종의사를 확보하며, 또한 미리 다툼을 피하려는데 그 취지가 있다. 유언철회는 다음과 같은 세 가지 방법이 인정되어 있다.

첫째, 앞의 유언과 저촉하는 내용의 유언을 한 경우이다. 전후 유언이 저촉한 경우에는 그 저촉된 부분의 전의 유언은 철회한 것으로 본다. 전후의 유언이 저촉되는 경우란 동일인이 전후 두 개의 유언을 하였는데, 그 내용이 서로 모순되며 양립하기 힘든 상황을 포함하고 있는 경우를 말한다. 예컨대 A에 대하여 유증의 유언을 한 후, 다시 동일한 대상을 B에게 유증하는 유언을 한 경우이다.

둘째, 유언후의 생전행위가 유언과 저촉되는 경우에는 그 저촉된 부분의 전유언은 이를 철회한 것으로 본다(제1109조 후단). 여기서 생전행위란 유언자가 생존 중에 유언의 목적인 특정의 물건에 대하여 한 처분을 말하며, 그것이 유상이건 무상이건 묻지 않는다. 예컨대 A에게 유증의 유언을 한 후, 같은 대상물을 B에게 증여 또는 매각한 경우이다.

양자가 저촉되기 위해서는 생전처분이 확정적으로 효력을 발생한 경우이어야 한다. 이들 경우에는 나중의 행위가 직접적으로 유언과 저촉되지 않더라도, 유언자의 태도 전체를 미루어 보아 유언을 철회할 의사가 있었다고 볼 수 있는 경우에도 철회된 것으로 본다.

셋째, 유언자가 고의로 유언증서나 유증의 목적물을 파훼한 때에는 그 파훼한 부분에 관한 유언은 철회한 것으로 본다(제1110조).

▣ 핵심판례 ▣

1. 포괄유증의 경우 그 유증 속에 포함되는 개개의 물건을 처분하면 그 유증이 철회된 것으로 보아야 하는지 여부

망인이 이 사건 유언증서를 작성한 후 재혼하였다거나, 이 사건 유언증서에서 피고에게 유증하기로 한 소외 한일여객운송주식회사의 주식을 처분한 사실이 있다고 하여 이 사건 제1토지에 관한 유언을 철회한 것으로 볼 수 없다(대판 1998. 5. 29. 97다38503).

2. 유언 후의 생전행위가 유언과 저촉되어 그 저촉된 부분의 전 유언이 철회된 것으로 보기 위한 요건과 그 저촉 여부 및 범위에 관한 판단 기준

유언 후의 생전행위가 유언과 저촉되는 경우에는 민법 제1109조에 의하여 그 저촉된 부분의 전(전)유언은 이를 철회한 것으로 보지만, 이러한 생전행위를 철회권을 가진 유언자 자신이 할 때 비로소 철회 의제 여부가 문제될 뿐이고 타인이 유언자의 명의를 이용하여 임의로 유언의 목적인 특정 재산에 관하여 처분행위를 하더라도 유언 철회로서의 효력은 발생하지 아니하며, 또한 여기서 말하는 '저촉'

이라 함은 전의 유언을 실효시키지 않고서는 유언 후의 생전행위가 유효로 될 수 없음을 가리키되 법률상 또는 물리적인 집행불능만을 뜻하는 것이 아니라 후의 행위가 전의 유언과 양립될 수 없는 취지로 행하여졌음이 명백하면 족하다고 할 것이고, 이러한 저촉 여부 및 그 범위를 결정함에 있어서는 전후 사정을 합리적으로 살펴 유언자의 의사가 유언의 일부라도 철회하려는 의사인지 아니면 그 전부를 불가분적으로 철회하려는 의사인지 여부를 실질적으로 집행이 불가능하게 된 유언 부분과 관련시켜 신중하게 판단하여야 한다(대법원 1998. 6. 12. 선고 97다38510 판결).

◈ 유언증서 등의 파훼로 인한 유언의 철회

제1110조 【파훼로 인한 유언의 철회】
유언자가 고의로 유언증서 또는 유증의 목적물을 파훼한 때에는 그 파훼한 부분에 관한 유언은 이를 철회한 것으로 본다.

■ [요약] 1110. 파훼로 인한 유언의 철회

·법정철회
·유언자가 유언증서 또는 유증의 목적물을 고의로 파훼한 경우

본조는 전조와 마찬가지로 법정철회의 경우로서 첫째 유언자가 고의로 유언증서를 파훼하거나, 둘째 유증목적물을 파훼한 때에는 그 파훼된 부분에 대하여 유언을 취소한 것으로 보고 있다.

첫째, 유언자가 고의로 유언증서를 파훼한 때에는 파훼된 부

분이 철회된 것을 본다. 이러한 경우에는 유언자가 유언을 철회할 의사로 이러한 행위를 하였다고 볼 수 있기 때문에 철회의 효력이 생기는 것이다. 그러므로 유언자의 의사에 의하지 아니하고 유언증서가 파훼된 경우에는 유언의 철회로는 되지 않는다고 해석하여야 할 것이다.

또한 유언의 철회가 타인의 사기 또는 강박에 의한 경우에는 그 내용이 신분상의 것이면 인지취소(제861조), 입양취소(제884조 3호) 등의 규정을 유추적용하고 재산상의 것일 때에는 민법총칙상의 일반원칙에 의하여 각각 취소함으로써 이를 부활시킬 수 있다고 하여야 할 것이다.

둘째, 유언자가 고의로 유증의 목적물을 파훼한 때에도 마찬가지이다. 유증목적물의 파훼란 물건을 형체적으로 멸실, 파손하는 것이 주가 되겠지만, 경제적 가치를 잃게 하는 것도 파훼라고 볼 수 있다. 파훼는 유언자 본인이 하여야 하므로 불가항력 또는 유언자가 시키지 않은 제3자에 의하여 파훼된 경우에는 유언서 파훼의 경우와 달라서 이해관계인은 유언서에 의하여 제3자에 대한 손해배상청구가 가능하다고 할 것이다. 고의란 유언자가 유증의 목적물임을 알면서 이것을 파훼하는 것을 말한다.

◼ 핵심판례 ◼

■ 유언증서가 그 성립 후에 멸실 또는 분실된 경우 그 유언의 효력

유언자가 생전에 유언증서를 고의로 파훼함으로써 유언을

철회하였다고 볼 수 없는 이상, 유언자가 그 성립 후에 멸실되거나 분실되었을 사유만으로는 유언이 실효되는 것은 아니고 이해관계인은 유언증서의 내용을 입증하여 유언의 유효를 주장할 수 있다(대판 1996. 9. 20. 96다1119).

◆ 부담 있는 유언의 철회방법

제1111조 【부담있는 유언의 취소】
부담있는 유증을 받은 자가 그 부담의무를 이행하지 아니한 때에는 상속인 또는 유언집행자는 상당한 기간을 정하여 이행할 것을 최고하고 그 기간내에 이행하지 아니한 때에는 법원에 유언의 취소를 청구할 수 있다. 그러나 제3자의 이익을 해하지 못한다.

■ [요약] 1111. 부담있는 유언의 취소

·부담있는 유증 : 유언자가 유언증서 중에서 수증자에게 자기, 그 상속인 또는 제3자를 위하여 일정한 의무를 이행하는 부담을 과한 유증
·부담있는 유증을 받은 자가 그 부담의무를 이행하지 않은 때에는 상속인 또는 유언집행자는 상당한 기간을 정하여 이행할 것을 최고하고, 그 기간내에 이행하지 않은 때에는 가정법원에 유언의 취소를 청구할 수 있다
·이익있는 제3자에게 대항불가
·관련법조 : 가소 §2① 라류사건 44호

본조는 채무의 불이행을 이유로 하는 계약의 해제와 유사하므로 수증자가 부담의 의무를 이행하지 않으면 이것을 취소하도록 하는 것이 가능하다. 그래서 본조는 이러한 취지에서 규정된 것이라고 볼 수 있다.

　본조에 규정된 유증에 특유한 취소원인은 부담부 유증을 받은 자가 그 부담의무를 이행하지 아니하여 상속인이 상당한 기간을 정하여 이행할 것을 최고하였음에도 여전히 이행하지 아니한 경우에 일어난다. 이때 상속인은 유언의 취소를 상속개시지 관할 가정법원에 청구할 수 있다.

　취소의 심판이 있으면 유언은 소급하여 무효가 된다.

　본조에 규정된 부담있는 유언의 취소는 유증에만 인정되는 특유한 취소원인이다. 따라서 본조의 취소는 제1108조 내지 제1110조에서처럼 철회의 의미가 아니고 민법총칙에 규정된 취소와 동일한 성격을 갖는다. 즉 이미 발생된 유언의 효력을 소멸시키는 행위인 것이다. 그러므로 본조의 규정은 유증의 효력에 관계되는 것이므로 제1088조 다음에 규정되어야 마땅하다. 그러나 수증자로부터 이미 제3자가 취득한 이익은 그대로 보호된다. 주의할 것은 부담있는 유증을 받은 자가 그 부담의무를 이해하지 아니한 때, 그 부담을 이행하지 아니한다고 하여 곧 유증의 효력을 상실하는 것은 아니라는 점이다.

제2편. 상속 및 증여의 실제

제1장 상속세

제1절 개요

1. 상속세의 의미

상속세는 자연인의 사망을 계기로 무상으로 이전되는 재산을 과세물건으로 하여 그 취득자에게 부과하는 조세를 말합니다.

사유재산의 집중을 방지하기 위하여, 생산수단인 재산, 즉 토지나 공장·광산·유전 등은 전부 국유로 하고 그 밖의 소비재라든가 순 개인용 동산만을 사유재산으로 하여 그것에 대해서만 상속을 인정하는 것이 공산주의 제국이 실시하고 있는 방식입니다. 이 방식을 취하면 재산의 편중은 크게 감소하나 여기에서도 개인소유 재산의 총량이 많아지면 재산의 편재가 발생할 수밖에 없고 그 편재는 대를 잇는 상속에 의하여 더욱 강화되기 마련입니다. 따라서 이러한 국가들에 있어서도 재산의 집중을 방지하기 위하여 상속의 기회에 상속세 부과를 통하여 개인 소유 재산의 재분배 기능을 추구하고 있습니다.

상속되어야할 재산을 개인소유의 재산에 국한시키는 경우에도 이와 같이 상속세가 필요하다는 것을 생각하면, 무제한적인 사유재산제도위에 구축된 자본주의 국가에 있어서 상속세가 필요하다는 것은 말할 나위도 없습니다. 사유재산의 편재는 특히 생산수단까지 포함되는 경우 상속에 의하여 비약적으로 증대되기 때문에 이에 상응하여 상속과세의 필요성도 점점 더

커지게 되었습니다.

상속세는 생전의 무상이전에 대하여 부과되는 증여세와 함께, 부의 집중현상을 직접적으로 조정하고, 소득재분배 기능면에서 소득세의 기능을 보완·강화시키며, 조세의 형평기능을 보강하는 사회정책적 성격을 갖습니다.

다른 한편 상속세의 경제적 측면에서, 상속세의 부과가 개인의 노동의욕을 감퇴시키는가에 관하여 많은 경제학자들은 이를 부정적으로 보고 있습니다. 즉 경제적 성취의 동기는 화폐적 보상에 한정되는 것이 아니고 사회적 위신·권력·노동의 미덕 등 그 밖의 동기가 복합적으로 작용하므로 각 개인은 상속세의 부과와 무관하게 노동의욕을 가진다는 것입니다. 이러한 경제이론은 소득세의 경우 한계세율과 한계적 소득창출노력은 밀접한 상호관계가 없다는 것과 상통합니다.

2. 상속세의 성격

상속세는 조세분류의 방식에 따라 분류하면 국세(내국세), 직접세, 인세, 보통세, 자산세, 종가세, 누진세에 속하고, 납세의무의 확정방식과 관련하여서는 부과과세방식에 조세에 속합니다.

제2절 상속세 과세 및 공제

1. 상속세의 과세방식

상속세의 과세방식은 크게 유산세방식과 유산취득세방식의

두가지가 있습니다. 전자는 피상속인의 유산전체를 과세대상으로 보고 분할 이전의 상속재산 총액을 기준으로 세율을 적용하여 과세하는 방식이고, 후자는 상속인의 유산취득액을 과세대상으로 보고 각 상속인이 분할취득한 상속가액을 기준으로 세율을 적용하여 과세하는 방식을 말합니다.

현재 우리나라에서는 유산세방식을 채택하고 있으므로 유산취득세방식은 설명하지 않겠습니다.

유산세방식은, 개인의 생존중 부의 축적이 가능한 것은 그 사람이 보유한 경제적 수완에 의하여 사회로부터 위탁받은 재산을 관리·운용한 결과로 볼 수 있는데 상속인이 반드시 피상속인과 같은 수준의 경제적 수완을 가진다고 단정할 수 없기 때문에 상속의 개시에 의하여 피상속인으로부터 상속인 앞으로 재산이 이전되는 기회에 피상속인의 유산의 일부가 사회에 반환되어야 한다는 것을 그 이론적 바탕으로 하고 있습니다. 또한 사람의 사망시점은 그 사람이 생전에 세제상의 특전이라든가 조세의 회피 등에 의하여 축적한 재산을 파악학기 위한 가장 적절한 시점이므로 이 기회에 소득세 혹은 재산세를 후불받기 위해 과세함에 있어서는 유산총액을 과세표준으로 하는 것이 타당하다는 것입니다.

유산세방식의 장점으로는, 피상속인의 유산총액에 대하여 누진세율로 과세함으로써 부의 집중을 억제한다고 하는 상속세의 사회정책적 의미에 부합하고, 피상속인의 일생을 통한 경제활동의 종결에 따른 조세부담의 청산이라는 면에서 적합하고, 유산취득세방식에 의하는 것보다 세부담을 경감하기 위하여 유산분할을 가장하거나 허위의 신고를 할 우려가 적고, 그에 따라 세무집행이 보다 용이하다는 점이 지적되고 있습니다.

유산세방식의 단점으로는, 유산취득자 각자의 담세력에 상응한 공평한 과세가 어렵고, 상속인의 수나 유산의 분할여부에 관계없이 세부담이 동일하므로 유산의 분할을 방해하고, 이에 따라 부의 집중억제나 분할촉진이라고 하는 측면에서 상대적으로 효과가 적을 수 있다는 점입니다.

2. 우리나라의 과세방식

현행 상속세 및 증여세법은 유산세방식을 채택하고 있습니다.

법 제1조 제1항은 상속이 개시된 경우 피상속인이 거주자인 경우에는 모든 상속재산(1호), 비거주자인 경우에는 국내에 있는 모든 상속재산(2호)에 대하여 상속세를 부과한다는 취지를 규정하고, 법 제13조 제1항은 상속세 과세가액을 상속재산의 가액에서 법 제14조의 공과금 등을 차감한 금액에서 상속개시 전 일정한 기간 내의 증여재산을 가산한 금액으로 할 것을 규정하고 있는바, 이와 같이 상속세 과세가액을 피상속인을 기준으로 산정하고 공동상속의 경우에도 유산을 상속분으로 분할하기 전의 총유산액에 누진세율을 적용하여 세율을 산출하는 구조를 취한 것은 유산세방식의 가장 핵심적인 내용을 채택하고 있는 것입니다.

다만, 법은 이렇게 계산된 세액의 납부에 관하여는 법 제3조 제1항에서 "상속인 또는 수유자는 이 법에 의하여 부과된 상속세에 대하여 상속재산 중 각자가 받았거나 받을 재산을 기준으로 대통령령이 정하는 바에 의하여 계산한 비율에 따라 상속세를 납부할 의무가 있다."고 규정하여 분할전의 상속재산에 대한 세액을 원칙적으로 공동상속인 각자의 상속분에 따라 배분 계산하여 각 상속인이 그 배분된 세액을 납부하는 것으로 하면서, 단지 공동상속인이 그 배분된 세액을 납부하는 것으로 하면서, 단지 공동상속인 사이에 각자가 받았거나 받을 재산을 한도로 연대납부책임을 지우고 있다는 점에서 자소 절충적인 요소를 부가하고 있습니다.

3. 세액산출방식

먼저 상속재산에서 비과세감면재산을 제외한 재산이 과세대상이 되고(법 제7조·제12조), 여기에서 공과금·채무·장례비를 제외한 것이 과세가액이 됩니다(법 제13조·제14조).

상속개시 전 일정 기간 내의 증여재산과 생전처분재산은 과세가액에 산입되는 한편 같은 기간 내의 채무부담액은 채무로서 공제되지 않습니다. 또한 일정한 요건 아래에서 공익법인 등에 대한 출연재산과 공익신탁재산은 과세가액에 산입되지 않습니다(법 제16조·제17조).

과세가액에서 기초공제(2억원)·배우자공제 및 기타 인적공제·금융재산공제·재해손실공제를 한 금액이 과세표준이 됩니다.

과세표준에 해당세율(10%~50%의 5단계 누진과세형)을 적용하면 산출세액이 되고, 여기에 세대를 건너뛴 상속에 대한 할증과세액을 가산하고 증여세액공제·외국납부세액공제·단기재상속에 대한 세액공제·신고세액공제를 한 것이 신고세액이 됨니다.

　신고세액에서 연부연납 신청금액(법 제71조)·물납 신청금액
(법 제73조)·문화재자료 등의 징수유예세액(법 제74조)을 공제
한 금액이 신고납부세액이 됩니다.

[상속세의 과세체계]

상속재산 : 협의의상속재산 ＋ 간주상속재산

과세재산 : 상속재산 － 비과세상속재산

과세가액 : 과세재산 가액 － 공과금·장례비용·채무 － 과세가액
　　　　　불산입 재산〔공익법인출연재산·공익신탁재산〕가액 ＋
　　　　　피상속인의 증여재산 및 생전처분재산 가액

과세표준 : 과세가액 － 상속공제〔기초공제·배우자공제·기타 인
　　　　　적공제·금융재산공제·재해손실공제

산출세액 : 과세표준 × 세율

> 신고세액·결정세액 : 산출세액 + 세대를 건너뛴 상속의 할증과세
> － 세액공제〔증여세액공제·외국납부세액공
> 제·단기재상속공제·신고세액공제〕

> 납부세액 : 신고(결정)세액 － 연부연납신청세액 － 물납신청세액
> － 문화재자료 등 징수유예세액 + 가산세

4. 상속세의 납세의무자

상속세의 납세의무자는 상속인, 유증 또는 사인증여(법 제14조 제1항 제3호의 규정에 의한 증여채무의 이행 중에 증여자가 사망한 경우의 당해 증여를 포함한다 － 피상속인이 생전에 증여계약을 체결하고 소유권을 이전하기 전에 사망한 경우 이론상 상속인에 대하여는 상속개시시점을 기준으로 한 상속세가, 수증자에 대하여는 재산취득시점에 다시 증여세가 부과되어야 할 것이나, 상속인은 실제로 취득한 재산이 없음에도 상속세를 부담하게 되는 부당한 결과가 초래되므로[상속인은 그가 이행하여야할 증여채무를 공제받지 못할 뿐만 아니라 증여재산을 취득한 수증자가 납부하는 증여세도 공제받지 못한다), 이를 시정하기 위하여 증여계약이행중에 피상속인이 사망한 경우에는 사인증여와 동일하게 취급하여 상속인에게 상속세를 부과하지 않고 당해 증여재산을 취득하는 수증자에게 상속세만 과세하는 것을 말한다)를 받은 자 및 민법 제1057조의2에 의하여 상속재산을 분여받은 특별연고자입니다.

상속세법상 광의의 상속인은 민법상의 순수한 상속인만을

가리키지 않고 위와 같은 특별연고자와 유증 및 사인증여의 수증자까지 포함한다는 점에 특색이 있습니다.

◈ 특별연고자의 상속재산분여

【질의】➡ 저는 8년 전 고아인 남편과 만나 혼인신고 없이 동거하고 있는데, 남편은 얼마 전 회사에서 일을 끝마치고 집으로 돌아오던 중 교통사고로 사망하였습니다. 8년 간 결혼생활을 하며 취득한 남편명의의 부동산과 교통사고 배상금에 대하여 제가 상속받을 수 있는지요?

【답변】➡ 받을 수 있습니다.

우리 민법은 피상속인의 직계비속, 직계존속, 형제자매, 4촌 이내의 방계혈족 및 배우자에 한하여 상속인이 될 수 있으며, 이러한 상속인이 없는 상속재산은 국가에 귀속된다고 규정하고 있습니다(민법 제1058조 제1항).

그러나 사실상의 배우자나 사실상의 양자와 같이, 피상속인과 생계를 같이 하고 있거나 피상속인의 요양간호를 한 자, 기타 피상속인과 특별한 연고가 있던 자는 법률상 상속인이 아니기 때문에 피상속인의 재산을 상속할 길이 없다면 이는 불합리하다 할 것입니다. 이를 시정하기 위하여 현행 민법은 상속권을 주장하는 자가 없는 경우에 한하여 특별연고자에 대한 분여를 인정하였습니다.

즉, ①상속인의 존부가 분명하지 아니한 때에는 법원은 피상속인의 친족 기타 이해관계인 또는 검사의 청구에 의하여 상속재산관리인을 선임하고 지체 없이 이를 공고한 후에 공고가 있은 날로부터 3월내에 상속인의 존부를 알 수 없는 때에는 관리인은 지체 없이 일반상속채권자와 유증 받은 자에 대하여 2월 이상의 기간을 정하여 그 기간 내에 그 채권 또는 유증 받은 사실을 신고할 것을 공고하여야 하며, ②공고기간 내에 상속권을 주장하는 자가 없는 때에는 가정법원은 피상속인과 생계를 같이하고 있던 자, 피상속인의 요양간호를 한 자 기타 피상속인과 특별한 연고가 있던 자의 청구에 의하여 상속재산의 전부 또는 일부를 분여할 수 있는데, 이 청구는 가정법원이 상속인수색의 공고에서 정한 상속권주장의 최고기간이 만료된 후 2월 이내에 하여야 합니다(민법 제1053조, 제1056조, 제1057조의2 제2항).

그리고 가정법원에서 분여청구를 인용하는 경우에도 그 분여의 범위는 법원의 자유로운 판단에 의하여 결정될 것입니다. [법률구조공단자료. 참고만 하세요]

상속세의 과세원인이 되는 상속·유증 또는 사인증여가 무엇을 의미하는지에 관하여는 상속세법상 아무런 정의규정을 두고있지 않습니다. 이는 조세법률주의의 한 내용인 과세요건명확주의의 관점에서 볼 때 문제가 될 수 있으나, 조세법률관계의 획일성 및 안정성의 요청에 따라 다른 법 분야로부터의 차용개념은 원칙적으로 그 원천이 된 법 분야에서의 의미와 동일한 것으로 해석해야 한다는 견해가 지배적이므로, 상속세법상 상속·유증 또는 사인증여의 개념도 원칙적으로 민법상 개념과 마찬가지로 해석해야 할 것입니다. 납세의무의 범위와 관련되는 상속인의 범위·상속분·상속시점·상속인의 순위 등에 관하여도 마찬가지입니다.

상속세의 납세의무자는 원칙적으로 자연인인 개인이지만 예외적으로 태아와 법인도 상속세의 납세의무자가 될 수 있습니다. 법인도 유언자유의 원칙에 의하여 유증의 상대방이 되거나 사인증여의 계약상대방이 될 수 있으므로 유증 또는 사인증여를 받은 법인은 그 받은 재산의 범위내에서 상속세의 납세의무자가 됩니다. 다만, 영리법인이 수유자인 경우에는 수유재산의 가액이 법인의 소득계산상 익금에 가산되어 법인세의 과세대상이 되므로, 상속세법은 수유자가 영리법인인 경우에는 상속세를 면제하도록 규정하고 있습니다. 따라서 자연인 이외의 상속세 납세의무자는 비영리법인과 상속세및증여세법상 비영리법인으로 보도록 규정되어 있는 법인격 없는 사단·재단·기타 단체에 한하게 됩니다.

내연의 처 등에 관하여는 민법상 상속권이 인정되지 않기 때문에 내연관계자는 유증 또는 사인증여 계약에 의해서만 피상속인의 재산을 취득하게 되고, 그 경우에는 상속의 경우와 마찬가지로 상속세 납세의무를 지게 됩니다.

내연의 처가 피상속인으로부터 생전에 증여를 받아 그 재산가액이 상속세 과세가액에 산입되는 경우에도 내연의 처가 곧 "상속인"에 해당하는 것은 아니므로 그 산입되는 재산의 범위는 법 제13조 제1항 제2호가 적용되어 상속개시일전 5년 내에 증여한 재산에 한정되고, 그 산입으로 인하여 증가된 세액 부분에 대해서도 내연의 처는 상속세 납세의무가 없고 결국 이는 다른 상속인들이 부담하게 됩니다.

5. 상속포기의 경우

상속인이 상속을 포기한 경우에도 상속을 포기한 자도 상속재산 중 받은 재산의 비율에 따라 상속세 납세 의무를 부담한다는 법 제3조 제1항에 의거하여 상속을 포기하더라도 상속세 납부의무를 면할 수 없습니다

상속인이 확정되지 않았거나 상속인이 상속재산에 대하여 처분권한이 없는 경우에는 특별한 규정이 없는 한 추정상속인·유언집행자 또는 상속재산관리인에 대하여 상속인 또는 수유자에 관한 규정을 적용할 수 있습니다.

◙ 상속포기

【답변】➡ 상속인은 사망한 자의 일신전속적(一身專屬的) 권리의무를 제외한 포괄적 권리의무를 법률상 당연히 승계하게 됩니다. 그러므로 상속인은 사망한 사람의 상속재산 중 부동산이나 은행예금과 같은 적극적 재산보다 차용금채무나 보증채무 등 소극적 재산이 더 많은 경우에는 피상속인이 사망한 것을 안 날로부터 3월 이내에 사

망한 자의 최후주소지 가정법원에 상속포기신고를 하여
상속의 효력을 부인할 수 있습니다. 사망한 자의 최후주
소지가 외국인 경우는 대법원소재지의 가정법원에 신고
하면 됩니다(민법 제997조, 제998조, 제1019조).

상속포기의 신고기간은 가정법원의 허가를 얻어 연
장할 수 있으나, 기간 내에 포기를 하지 아니한 때에
는 단순승인을 한 것으로 되며, 일단 포기신고를 한
후에는 그 신고를 취하할 수 없습니다(민법 제1019조,
제1024조, 제1026조).

다만, 상속인은 상속채무가 상속재산을 초과하는 사
실을 중대한 과실없이 위 3월기간 내에 알지 못하여
상속포기를 하지 못한 경우에는 그 사실을 안 날부터
3월 내에 한정승인을 할 수 있습니다. (민법 제1019조
제3항)　[법률구조공단자료. 참고만 하세요]

◈ 상속개시전에 한 상속포기약정의 효력

【답변】 ➡ 민법에 의하면 상속은 피상속인의 사망으로 인하
여 개시되며, 상속인은 상속개시 있음을 안 날로부터 3
월 내에 상속포기를 할 수 있도록 규정하고 있으며(민법
제997조, 제1019조 제1항), 대법원 판례도 "유류분을 포함
한 상속의 포기는 상속이 개시된 후 일정한 기간 내에만
가능하고 가정법원에 신고하는 등 일정한 절차와 방식을
따라야만 그 효력이 있으므로, 상속개시 전에 한 상속포

기약정은 그와 같은 절차와 방식에 따르지 아니한 것으로 효력이 없다."(1998. 7. 24. 98다9021)라고 하였습니다.

따라서 상속인은 피상속인의 생존시에는 상속포기를 할 수 없고, 설령 피상속인의 생존시에 피상속인에 대하여 상속을 포기하기로 하는 약정각서를 작성하였다 하더라도 상속포기의 효력은 없습니다. [법률구조공단자료. 참고만 하세요]

◈ 상속포기서 목록에 상속재산이 누락된 경우 상속포기의 효력

【질의】 ➡ 저는 부친이 빚을 많이 남긴 채 사망하여 가정법원에 상속포기신고를 하였고 이는 수리되었습니다. 그런데 상속포기서에 첨부된 재산목록에서 누락된 부동산이 있는바, 그 부동산에는 상속포기의 효력이 미치지 않는지요?

【답변】 ➡ 효력이 미칩니다.

재산상속의 포기는 상속인이 상속개시 있음을 안 날로부터 3월내에 가정법원에 상속포기신고를 하여야 하는바, 그 효력은 처음부터 상속인이 아니었던 것으로 됩니다(민법 제1042조).

그런데 위 사안의 경우는 상속포기서에 첨부된 재산목록에서 누락된 상속재산에도 상속포기의 효력이 미치는지에 관한 것으로 이에 관한 판례는 "상속의 포기는 상속인이 법원에 대하여 하는 단독의 의사표시로서 포괄적 무조건적으로 하여야 하므로 상속포기는 재산

목록을 첨부하거나 특정할 필요가 없다고 할 것이고,
상속포기서에 상속재산의 목록을 첨부하였다고 하더라
도 그 목록에 기재된 부동산 및 누락된 부동산의 수효
등과 제반 사정에 비추어 상속재산을 참고자료로 예시
한 것에 불과하다고 보여지는 이상, 포기당시 첨부된
재산목록에 포함되어 있지 않은 재산의 경우에도 상속
포기의 효력은 미친다."라고 하였습니다(대법원 1995.
11. 14. 선고 95다27554 판결).

따라서 위 사안의 경우에도 상속포기신고서에 첨부
된 재산목록에서 제외된 부동산에 대하여도 상속포기
효력은 미친다고 하여야 할 것입니다. [법률구조공단자료. 참고만 하세
요]

◎ 제1순위 상속인이 상속을 포기한 경우 상속순위

【질의】 ➡ 저의 아버지는 1년 전 빚만 남긴 채 돌아가셨고, 독자인
저는 제1순위 단독상속인이었으나, 아버지 사망 후 2개월쯤 되
어 상속포기를 하였습니다. 그런데 저에게는 미성년인 아들 하나
가 있는바, 주변사람들은 친권자인 제가 미성년인 저의 아들의
상속포기를 하지 않았기 때문에 아버지의 모든 채무를 저의 아
들이 책임져야 한다고 합니다. 이 말이 맞는지요?

【답변】 ➡ 맞습니다.

결론적으로 말씀드리면 귀하의 자(子)는 귀하 선친의
모든 채무를 부담해야 합니다. 왜냐하면 민법은 ①피

상속인의 직계비속, ②피상속인의 직계존속, ③피상속인의 형제자매, ④피상속인의 4촌 이내의 방계혈족의 순으로 재산상속순위를 정하고, 동순위 상속인이 수인일 경우에는 최근친(最近親)을 선순위로 한다고 규정하고 있기 때문입니다(민법 제1000조).

즉, 귀하 및 귀하의 아들은 선친의 직계비속으로서 제1순위 상속인이나 귀하와 선친사이는 1촌이고, 선친과 귀하의 아들 사이는 2촌이기 때문에 귀하가 최근친으로서 선순위 상속인이 되는 것이고, 귀하가 상속을 포기하였을 경우의 다음 순위의 상속인은 귀하의 아들이 되는 것입니다.

판례도 또한 채무자인 피상속인이 그의 처와 동시에 사망하고 제1순위 상속인인 자(子)전원이 상속포기한 경우에 상속포기한 자는 상속개시시부터 상속인이 아니었던 것과 같은 지위에 놓이게 되므로 같은 순위의 다른 상속인이 없어 그 다음 근친 직계비속인 피상속인의 손(孫)들이 차순위의 본위 상속인으로서 피상속인의 채무를 상속하게 된다고 하였으며(대법원 1995. 9. 26. 선고 95다27769 판결), 제1순위상속권자인 처와 자들이 모두 상속을 포기한 경우에도 손(孫)이 직계비속으로서 상속인이 된다고 하여(대법원 1995. 4. 7. 선고 94다11835 판결), 이를 확인하고 있습니다.

따라서 위 사안의 경우에도 제1순위 중 최근친이자 단독상속인인 귀하가 상속포기 하였으므로 제1순위 상속인 중 다음 근친은 귀하의 미성년인 아들(즉, 피상속인의 손자)이 상속인이 되기 때문에 법정대리인인 귀하가 미성년인 귀하의 아들의 상속포기나 한정승인을 하지 않고 오랜 기간이 지났으므로 선친의 채무를 귀하의 아들이 부담해야 합니다. [법률구조공단자료. 참고만 하세요]

◎ 미성년자의 상속포기 또는 한정승인권 행사기간

【질의】➡ 저는 이혼하면서 당시 아들 乙의 양육은 전남편 甲이 돌보기로 하여 따로 살고 있었습니다. 그런데 6개월 전 甲은 사망하였고, 그의 채권자들이 아직 미성년인 아들 乙에게 채무변제를 독촉하고 있다는 사실을 알게 되었습니다. 이 경우 乙이 상속책임을 면할 수 있는 방법이 없는지요?

【답변】➡ 친권자로서 사망사실을 알게된 3개월 이내에 상속포기를 하면 됩니다.

상속은 피상속인의 사망으로 인하여 개시되고(민법 제997조), 상속재산에는 적극적 재산은 물론 소극적 재산(채무)도 모두 포함됩니다. 그러므로 상속인은 피상속인의 채무가 과다한 경우에는 가정법원에 상속포기 또는 한정승인을 신청하여 수리(심판)됨으로써 그 책임을 면할 수 있을 것입니다.

상속포기 또는 한정승인에 관하여 민법 제1019조에 의하면 "①상속인은 상속개시 있음을 안 날로부터 3월 내에 단순승인이나 한정승인 또는 포기를 할 수 있다...

③제1항의 규정에 불구하고 상속인은 상속채무가 상속재산을 초과하는 사실을 중대한 과실 없이 제1항의 기간 내에 알지 못하고 단순승인(제1026조 제1호 및 제2호의 규정에 의하여 단순승인 한 것으로 보는 경우를 포함)을 한 경우에는 그 사실을 안 날부터 3월내에 한정승인을 할 수 있다."라고 규정하고 있고, 민법 제1020조에 의하면 "상속인이 무능력자인 때에는 전조(前條) 제1항의 기간은 그 법정대리인이 상속개시 있음을 안 날로부터 기산한다."라고 규정하고 있습니다.

또한, 2002년 1월 14일 법률 제6591호로 공포·시행된 개정민법 부칙 제3항에서는 한정승인에 관한 경과조치를 두었는바, 이에 의하면 "1998년 5월 27일부터 이 법 시행 전까지 상속개시가 있음을 안 자 중 상속채무가 상속재산을 초과하는 사실을 중대한 과실 없이 제1019조 제1항의 기간 내에 알지 못하다가 이 법 시행 전에 그 사실을 알고도 한정승인신고를 하지 아니하는 자는 이 법 시행일부터 3월내에 제1019조 제3항의 개정규정에 의한 한정승인을 할 수 있다. 다만, 당해 기간 내에 한정승인을 하지 아니한 경우에는 단순승인을 한 것으로 본다."라고 규정하고 있습니다.

그리고 '상속개시 있음을 안 날'이란 상속개시의 원인 되는 사실의 발생을 앎으로써 자기가 상속인이 되었음을 안 날을 말하는 것이므로, 상속재산 또는 상속채무의 존재를 알아야만 위와 같은 기간이 진행되는 것은 아니며(대법원 1991. 6. 11.자 91스1 결정), 위 사안에서 귀하는 甲과 이혼하여 별거를 하였고 甲이 乙의 친권자행사자로 지정되어 乙을 양육하다가 사망하였는데, 친권은 부모로서의 고유의 권리이자 의무이므로 부모의 일방을 친권행사자로 지정하는 것은 다른 일방의 친권행사를 정지시키는 것일 뿐이고 그의 친권을 소멸시키는 것은 아니므로, 친권자 중 그 행사권자인 甲은 사망하였으나 모(母)가 있는 경우에는 후견이 개시되지 않고 귀하가 당연히 친권자로서 乙의 법정대리인이 되는 것입니다.

따라서 무능력자인 미성년자 乙의 상속포기 또는 한정승인기간은 법정대리인인 귀하가 아들 乙이 甲의 상속인이 되었음을 안 날(사망사실을 안 날)로부터 3개월 이내라 할 것이고, 아직 그 기간이 경과되지 않았다면 귀하는 乙의 친권자로서 乙을 대리하여 가정법원에 상속포기 또는 한정승인을 하여 수리(심판)됨으로써 乙이 상속책임을 면할 수 있을 것입니다.

그리고 개정민법 부칙 제3항에 의하여, 만일 귀하가 1998년 5월 27일부터 2002년 1월 14일 전까지 사이에 甲의 사망사실은 알았으나 상속재산을 초과하는 상속채무 있다는 사실을 중대한 과실 없이 알지 못하고, 2002년 1월 14일 전까지 한정승인신고를 하지 않은 경우라면 2002년 1월 14일부터 3월내에 한정승인을 함으로써 상속재산을 초과한 부분에 대한 면책을 주장할 수 있을 것으로 보입니다.

참고로 2004년 1월 29일 선고된 헌법재판소 결정

(2002헌가22 등)에 의하면 "민법(2002. 1. 14. 법률 제
6591호로 개정된 것)부칙 제3항 본문 중 1998년 5월
27일부터 이 법 시행전까지 상속개시가 있음을 안자
중 부분은 헌법에 합치되지 아니 한다"라고 하였습니
다. [법률구조공단자료. 참고만 하세요]

◎ 상속개시 전 상속포기의 효력

【질의】➡ 저는 형이 서울에 살고 있어 혼자가 된 아버지를 모시고 살고 있었으나 최근 아버지께서 논 3,000평을 남기고 돌아가셨습니다. 형은 아버지 생전에 매달 저에게 아버지의 생활비로 50만원을 보내주었지만 제가 아버지를 모시고 있었으므로 아버지 재산에 대한 상속권을 모두 포기했었습니다. 그러나 아버지가 돌아가시자 형이 자신의 상속권을 주장합니다. 형의 상속권주장이 타당한지요?

【답변】➡ 타당합니다.

상속의 포기는 상속이 개시된 후(아버지가 사망한
후) 일정기간 내에 가능하고, 가정법원에 신고하는 등
일정한 절차와 방식을 따라야만 그 효력이 있으므로,
상속개시 전에 한 상속포기의 약정은 그와 같은 절차
와 방식에 따르지 아니한 것으로 법적 효력이 없다 하
겠습니다(민법 제1041조).

또한, 상속인이 피상속인인 아버지의 생존시에 상속
을 포기하기로 약정하였다고 하더라도 상속개시 후 민

법이 정하는 절차와 방식에 따라 상속포기를 하지 아니한 이상 상속개시 후에 자신의 상속권을 주장하는 것은 정당한 권리행사로서 권리남용에 해당하거나 신의성실의 원칙에 반하는 권리의 행사라고 할 수도 없을 것입니다.

판례도 "유류분을 포함한 상속의 포기는 상속이 개시된 후 일정한 기간 내에만 가능하고 가정법원에 신고하는 등 일정한 절차와 방식을 따라야만 그 효력이 있으므로, 상속개시 전에 한 상속포기약정은 그와 같은 절차와 방식에 따르지 아니한 것으로 효력이 없고, 상속인 중의 1인이 피상속인의 생존시에 피상속인에 대하여 상속을 포기하기로 약정하였다고 하더라도, 상속개시 후 민법이 정하는 절차와 방식에 따라 상속포기를 하지 아니한 이상, 상속개시 후에 자신의 상속권을 주장하는 것은 정당한 권리행사로서 권리남용에 해당하거나 또는 신의칙(信義則)에 반하는 권리의 행사라고 할 수 없다."라고 하였습니다(대법원 1998. 7. 24. 선고 98다9021 판결).

따라서 형의 상속권주장은 법률상으로는 하자가 없다고 하겠습니다. [법률구조공단자료. 참고만 하세요]

[판례] 민법 제1019조 제3항에 정한 '상속채무가 상속재산을 초과하는 사실을 중대한 과실 없이 알지 못한 경우'의 의미 및 그 증명책임의 소재(=상속인)

우리민법상 민법 제1019조 제3항은 민법 제1026조 제2

호에 대한 헌법재판소의 헌법불합치 결정 이후에 신설된 조항으로, 위 조항에서 말하는 상속채무가 상속재산을 초과하는 사실을 중대한 과실로 알지 못한다 함은 '상속인이 조금만 주의를 기울였다면 상속채무가 상속재산을 초과한다는 사실을 알 수 있었음에도 이를 게을리함으로써 그러한 사실을 알지 못한 것'을 의미하고, 상속인이 상속채무가 상속재산을 초과하는 사실을 중대한 과실 없이 민법 제1019조 제1항의 기간 내에 알지 못하였다는 점에 대한 증명책임은 상속인에게 있다.(대법원 2010.6.10. 선고 2010다7904 판결)

[판례] 제1순위 공동상속인들 중 일부가 상속개시 전에 피상속인으로부터 상속세 과세가액에 포함되는 재산을 증여받고 상속을 포기한 경우, 상속을 포기하지 않은 나머지 상속인이 납부하여야 하는 상속세액의 산출 방법

제1순위 공동상속인들 중 일부가 상속개시 전에 피상속인으로부터 상속세과세가액에 포함되는 재산을 증여받고 상속을 포기함에 따라 나머지 상속인이 부담하게 될 상속세액을 산출하는 경우, 구 상속세법(1993. 12. 31. 법률 제4662호로 개정되기 전의 것) 제18조 제1항에 정한 상속인별 상속세 분담비율의 산정기준이 되는 '상속재산(같은 법 제4조의 규정에 의하여 상속재산에 가산한 증여재산 중 상속인 또는 수유자가 받은 증여재산을 포함한다) 중 각자가 받았거나 받을 재산의 점유비율'에서 말하는 괄호 안의 '상속인이 받은 증여재산'은, 같은 법

제4조 제1항에 의하여 상속재산에 가산되는 '상속인에게 증여한 재산'의 개념과 동일하게 보아 '상속을 포기한 자가 받은 증여재산'도 포함하는 것으로 해석함이 상당하다. 따라서 상속을 포기하지 않은 상속인은 상속포기자의 사전 증여재산 등을 포함한 상속재산 중 자신이 받았거나 받을 재산의 점유비율에 따라 산출된 상속세를 납부할 의무가 있다. (대법원 2009.2.12. 선고 2004두10289 판결).

◈ 상속포기기간 만료 전 상속인의 채권자가 대위상속등기를 할 수 있는지

【질의】 ➡ 甲은 乙에 대한 채권이 있는데, 乙은 재산이 전혀 없으며, 다만 1개월 전에 乙의 망부 丁이 사망함으로 인하여 丁의 명의로 된 임야 1필지가 있습니다. 그러므로 甲은 채권자대위권을 행사하여 위 임야에 관하여 대위상속등기를 한 후 그 중 乙의 상속지분에 강제집행을 하려고 하는데, 이 경우 乙이 상속권을 한정승인 또는 상속포기 할 수 있는 기간이 경과되지 않은 상태에서도 대위상속등기가 가능한지요?

【답변】 ➡ 가능할 것으로 보입니다.
　　채권자대위권(債權者代位權)에 관하여 민법 제404조에 의하면, "①채권자는 자기의 채권을 보전하기 위하여 채무자의 권리를 행사할 수 있다. 그러나 일신에 전속한 권리는 그러하지 아니하다. ②채권자는 그 채권

의 기한이 도래하기 전에는 법원의 허가 없이 전항의 권리를 행사하지 못한다. 그러나 보존행위는 그러하지 아니하다."라고 규정하고 있으며, 민법 제1019조 제1항에 의하면 "상속인은 상속개시 있음을 안 날로부터 3월내에 단순승인이나 한정승인 또는 포기를 할 수 있다. 그러나 그 기간은 이해관계인 또는 검사의 청구에 의하여 가정법원이 이를 연장할 수 있다."라고 규정하고 있고, 민법 제1019조 제3항에 의하면, "상속인은 상속채무가 상속재산을 초과하는 사실을 중대한 과실 없이 상속개시일부터 3월의 기간 내에 알지 못하고 단순승인(제1026조 제1호 및 제2호<다음 각 호의 사유가 있는 경우에는 상속인이 단순승인을 한 것으로 본다. 1. 상속인이 상속재산에 대한 처분행위를 한 때, 2. 상속인이 제1019조 제1항의 기간 내에 한정승인 또는 포기를 하지 아니한 때>의 규정에 의하여 단순승인 한 것으로 보는 경우를 포함함)을 한 경우에는 그 사실을 안 날부터 3월내에 한정승인을 할 수 있다."라고 규정하고 있습니다.

그러므로 채권자는 자기의 채권을 보전하기 위하여 채무자의 일정한 권리를 행사할 수 있고, 상속인은 상속개시 있음을 안 날로부터 3월내에 단순승인이나 한정승인 또는 포기를 할 수 있으며, 또한 상속채무가 상속재산을 초과하는 사실을 중대한 과실 없이 상속개시일부터 3월의 기간 내에 알지 못하고 단순승인을 한 경우에는 그 사실을 안 날부터 3월내에 한정승인을 할 수 있습니다. 그런데 위 사안과 같이 상속인이 상속권을 한정승인 또는 포기를 할 수 있는 기간 내에도 대위상속등기가 가능한지 문제됩니다.

이에 관하여 판례를 보면, "상속인 자신이 한정승인 또는 포기를 할 수 있는 기간내에 상속등기를 한때에는 상속의 단순승인으로 인정된 경우가 있을 것이나 상속등기가 상속재산에 대한 처분행위라고 볼 수 없으니 만큼 채권자가 상속인을 대위하여 상속등기를 하였다 하여 단순승인의 효력을 발생시킬 수 없고 상속인의 한정승인 또는 포기할 수 있는 권한에는 아무런 영향도 미치는 것이 아니므로 채권자의 대위권행사에 의한 상소등기를 거부할 수 없다."라고 하였습니다(민법 제997조, 제1005조, 대법원 1964. 4. 3.자 63마54 결정).

그러므로 위 사안에서도 乙이 상속권을 한정승인 또는 상속포기 할 수 있는 기간이 경과되지 않은 상태에서도 甲의 대위상속등기가 가능할 것으로 보입니다.

참고로 2002년 1월 14일부터 법률 제6591호로 공포·시행된 개정민법 부칙 제3조 제3항에 의하면 "1998년 5월 27일부터 이 법 시행 전까지 상속개시가 있음을 안 자 중 상속채무가 상속재산을 초과하는 사실을 중대한 과실 없이 제1019조 제1항의 기간(상속개시일부터 3월)내에 알지 못하다가 이 법 시행 전에 그 사실을 알고도 한정승인 신고를 하지 아니한 자는 이 법 시행일부터 3월내에 제1019조 제3항에 의한 한정승인을 할 수 있다. 다만, 당해 기간 내에 한정승인을 하지 아니한 경우에는 단순승인을 한 것으로 본다."라고 규정하고 있습니다. [법률구조공단자료. 참고만 하세요]

【서식】 상속재산 포기심판 청구서

상 속 재 산 포 기 심 판 청 구

청구인(상속인) 1. ○ ○ ○　(전화 :　　　　)
　　　　　　　　주민등록번호　　　　　-
　　　　　　　　주소 ○○시 ○○구 ○○동 ○○
　　　　　　　　등록기준지 ○○시 ○○구 ○○동 ○○
　　　　　　2. ○ ○ ○ (전화 :　　　　)
　　　　　　　주민등록번호　　　　　-
　　　　　　　주소 ○○시 ○○구 ○○동 ○○
　　　　　　　등록기준지 ○○시 ○○구 ○○동 ○○

피상속인(망)　△ △ △
　　　　　　주민등록번호　　　　　-
　　　　　　주소 ○○시 ○○구 ○○동 ○○
　　　　　　등록기준지

청 구 취 지

　청구인들이 망 △△△에 대한 재산상속포기 신고는 이를 수리한다.
라는 심판을 구함.

청 구 원 인

　청구인들은 피상속인 망 △△△의 재산상속인으로서 20○○. ○. ○. 상속개시가 있음을 알았는
바, 민법 제1019조에 의하여 재산상속을 포기하고자 이 심판청구에 이른 것입니다.

첨 부 서 류

1. 가족관계증명서(청구인)　　　　1통
1. 기본증명서(망자)　　　　1통
1. 주민등록등본(청구인)　　　　1통
1. 인감증명(청구인)　　　　1통
1. 주민등록말소자등본(망자)　　　　1통

2000년 0월 0일

청 구 인　1. ○ ○ ○ (인)
　　　　　2. ○ ○ ○ (인)

○ ○ 가 정 법 원　귀 중

◐ 선 순위 상속인이 상속을 포기한 경우

【답변】➡ 우리 민법상 재산상속인의 순위는 사망한 사람의
자녀, 부모, 형제자매, 4촌 이내의 방계혈족 순이며, 배우
자는 사망한 자의 자녀 또는 부모와 같은 순위로 공동상
속인이 됩니다, 같은 순위의 상속인이 여러 명인 때에는
촌수가 가까운 사람을 선 순위로 하고, 같은 촌수의 상
속인이 여러 명인 때에는 공동상속인이 됩니다(민법 제
1000조, 제1003조).

상속재산은 민법이 정한 상속인의 순위에 따라 상속
되지만, 선 순위의 상속인이 상속받을 권리를 포기한
경우에는 그 다음 순위 상속인들이 순차적으로 상속을
받게됩니다. 판례는 부모가 동시에 사망하고 그의 자
녀 모두가 상속을 포기한 경우 상속포기자는 상속개시
시부터 상속인이 아니었던 것과 같은 지위에 놓이게
되므로 같은 순위의 다른 상속인이 없어 그 다음으로
가까운 자녀인 사망한 자의 손자(孫子)들이 차 순위의
상속인으로서 사망한 자의 채무를 상속하게 된다고 하
였습니다(95.4.7. 대법 94다11835, 95.9.26. 대법 95다
27769). [법률구조공단자료. 참고만 하세요]

◐ 미성년자가 상속을 포기할 경우

【답변】➡ 미성년자와 같은 법률상 행위무능력자가 상속포기

를 할 경우에는 그의 법정대리인이 상속개시 있음을 안 날로부터 3월 이내에 상속포기신고를 하여야 합니다, 다만, 상속의 포기가 법정대리인과의 관계에서 이해상반행위에 해당하는 때에는 법원에서 선임된 특별대리인이 미성년자를 대리할 수 있습니다(민법 제921조, 제1020조, 91.6.11. 대법 91스1).

[법률구조공단자료. 참고만 하세요]

◈ 상속포기신고시 재산목록이 일부 누락된 경우

【답변】➡ 상속을 포기하고자 하는 자는 상속포기심판청구서와 청구인의 가족관계증명서, 피상속인(망자)의 기본증명서, 청구인의 주민등록등본, 피상속인(망자)의 주민등록말소자등본과 청구인의 인감증명서 등을 첨부하여 제출하면 됩니다.

그러나 상속인이 재산목록을 첨부하면서 일부 누락된 재산이 있는 경우에 관하여 판례는 상속의 포기는 상속인이 법원에 대하여 하는 단독의 의사표시로서 포괄적. 무조건적으로 하여야 하므로 상속포기는 재산목록을 첨부하거나 특정할 필요가 없는 것이고, 상속포기서에 상속재산의 목록을 첨부하였다고 하더라도 그 목록에 기재되지 않은 재산의 경우에도 상속포기의 효력은 미친다고 하였습니다(95.11.14. 대법 95다 27554).

[법률구조공단자료. 참고만 하세요]

6. 상속세의 납세의무 성립시기

　상속세의 납세의무는 상속을 개시하는 때에 성립하고, 상속
은 사망으로 인하여 개시되므로 상속세납세의무의 성립시기는
원칙적으로 피상속인의 사망시점입니다.

　상속세법상 상속은 유증이나 사인증여에 의한 재산취득을
포함하는 개념이므로 그로 인한 상속세 납세의무의 성립시기
도 같습니다.

　그러나 실종선고가 있는 경우의 상속개시일은 실종선고일이
됩니다. 실종선고가 있는 경우에는 실종기간이 만료한 때를 기
준으로 상속이 개시되나, 실종기간 만료시를 상속세 납세의무
의 성립시기로 한다면 실종기간이 만료되고 상속세의 자진신
고납부기한 6월이 경과한 때부터 기산하여 10년 또는 15년이
경과한 후에 실종선고를 청구하여 실종선고가 되는 경우에는
이미 상속세부과권의 제척기간이 도과하여 상속세를 부과할
수 없게되는 것을 방지하기 위하여 실정선고일을 상속개시일
로 의제하여 상속세납세의무의 성립시기를 특별히 규정하고
있습니다.

　한편 상속세는 대가의 수반없이 재산이 이전되는 것을 계기
로 과세하는 것이므로 그 세액 산정의 전제로서 상속재산의
가액을 평가하여야 하는바, 법은 그 평가를 상속개시일 현재의
시가에 의하도록 함으로써 상속재산 평가의 기준시기와 상속
세 납세의무의 성립시기를 일치시키고 있습니다.

　위와 같이 상속세 납세의무는 피상속인의 사망시에 성립하
고, 상속인은 피상속인의 사망과 동시에 그 권리의무를 포괄적

으로 승계하고 공동상속인 사이에 법률상 당연히 공유관계가 성립하므로 상속인이 상속재산을 현실적으로 취득하여 구체적으로 지배관리할 수 있느냐 하는 점은 납세의무의 성립과는 무관합니다.

7. 유증과 사인증여로 인한 납세의무의 성립

유증과 사인증여는 모두 유증자의 생전의 재산처분행위로서 유증자의 사망에 의하여 효력이 발생한다는 점에서 공통점이 있으나 유증이 단독행위인데 반하여 사인증여는 계약이라는 점에서 차이가 있습니다.

민법은 이들에 관하여 상속과 별개의 조문을 두고 있으나, 상속세및증여세법은 이들이 사망을 원인으로 재산이 무상이전된다는 점에서 공통성을 가지므로 동일하게 취급하고 있습니다.

유증에는 포괄유증과 특정유증이 있는데 포괄적 유증을 받은 자는 상속인과 동일한 권리의무가 있으므로, 상속의 경우와 다를 것이 없습니다. 특정유증의 경우에는 민법의 해석상 유증의 효력을 채권적인 것으로 보는 기초위에서 특정유증물은 상속재산으로서 일단 상속인에게 귀속되며, 수증자는 상속인에 대하여 유증의 이행을 청구할 수 있는 권리가 있다고 보는 것이 일반적입니다. 그러나 상속세및증여세법은 포괄유증과 특정유증의 구별 없이 유증에 의한 재산의 취득을 모두 상속의 개념에 포함시키고 있고, 수유자는 상속재산 중 받았거나 받을 재산의 비율에 따라 상속세를 납부할 의무가 있다고 규정하여 반드시 현실적인 취득을 요구하고 있지 않으므로, 특정유증의 경우에도 유언자가 사망한 날에 상속세 납세의무가 성립한다고 할 것입니다.

한편 유증에 부담이 붙은 경우, 즉 부담부유증의 경우에는 부담이 붙은 상태 그대로 유증자의 사망시점에 유증의 효력이 발생할 것이므로 납세의무의 성립시기는 일반 유증의 경우와 다르지 않습니다.

정지조건부 유증의 경우에도 수증자는 유언의 효력에 의하여 유언자가 사망한 때에 정지조건적인 권리를 취득하고 조건이 성취된 때에 완전한 권리를 취득하는 것이므로, 상속세 납세의무는 조건미성취 상태이더라도 상속개시 시점에 성립합니다.

8. 납세지

납세지란 납세의무자가 세법에 의한 의무를 이행하고 권리를 행사하는데 기준이 되는 장소를 말하며 관할세무서를 정하는 기준이 됩니다.

상속세의 납세지는 피상속인이 거주자인 경우에는 상속개시지가 되고, 비거주자인 경우에는 국내에 있는 상속재산의 소재지가 되며, 국내의 재산소재지가 2 이상인 경우에는 주된 재산의 소재지가 됩니다.

피상속인이 비거주자인 제한납세의무자인 경우에는 상속재산이 국내에 있는 때에만 납세의무가 발생하고, 그 상속재산의 소재지에 의해 납세지가 결정되기 때문에 상속재산소재지가 중요한 의의를 갖습니다.

상속재산소재지는 상속 개시 당시의 현황에 의하여 재산의 종류별로 판정하도록 하고 규정하고 있습니다.

9. 상속재산의 범위

상속재산은 금전으로 환가할 수 있는 경제적 가치가 있는 모든 물건과 재산적 가치가 있는 법률상 또는 사실상의 모든 권리를 포함하고, 다만 피상속인의 일신에 전속하는 것으로서 피상속인의 사망으로 인하여 소멸되는 것은 제외됩니다. 부동산·동산·주식·출자지분·국공채 등 유가증권·지상권·광업권·무체재산권·어업권·일반 금전채권·시설이용권·회원권 등 모든 종류의 물건과 권리가 포함되나, 담보물권은 피담보채권과 독립하여 상속재산을 구성하지 않습니다.

한편, 민법 제1005조는 "상속인은 상속개시된 때로부터 피상속인의 재산에 관한 포괄적 권리의무를 승계한다"고 하여 적극재산과 소극재산을 모두 상속재산에 포함시키고 있으나, 상속세 및 증여세법에서는 상속재산의 가액에서 소극재산인 채무를 공제하여 상속세 과세가액을 산출하고 있어서, 민법상의 상속재산 중 적극재산만을 상속재산으로 파악하고 있고, 유증과 사인참여로 인하여 취득하는 재산도 상속재산의 개념에 포함시키고 있다는 점에 특색이 있습니다.

상속세의 과세대상은 상속 또는 유증이나 사인증여에 의한 취득재산이므로, 그러한 원인에 의하지 않은 취득재산은 설사 피상속인의 사망으로 인하여 취득하게 되더라도 본래 의미의 상속재산은 아닙니다. 그러나 실질적으로 상속이나 유증에 의하여 재산을 취득한 것과 동일하게 볼 수 있는 경우라면 상속세를 부과하는 것이 과세형평에 부합합니다. 이런 이유로 상속 개시 당시 피상속인의 보유재산이 아니고 상속인이 그 재산을 취득한 원인이 상속이나 유증이 아님에도 불구하고 상속세의 과세대상인 상속재산으로 법에 의하여 의제되는 경우도 있고, 이를 의제상속재산 또는 간주상속재산이라고 합니다.

피상속인이 보험계약자이거나 또는 보험계약자는 아니라도 실질적으로 보험료를 지불한 경우에 피상속인의 사망으로 인하여 상속인 또는 상속인 이외의 자가 지급받는 생명보험 또는 손해보험의 보험금·피상속인이 신탁한 재산·퇴직금·퇴직수당·공로금·연금 또는 이와 유사한 것으로서 피상속인에게 지급될 것이 피상속인의 사망으로 인하여 상속인과 상속인 이외의 자에게 지급되는 것(다만 국민연금법이나 공무원연금법·사립학교교원연금법·군인연금법 등에 의한 유족연금, 산업재해보상보험법·근로기준법 등에 의한 유족연금 등은 제외)이 위와 같은 의제상속재산으로 규정되어 있습니다.

◪ 공상군경이 교통사고로 사망한 경우 유족연금액의 공제여부

【질의】 ➡ 甲은 공상군경으로서 국가유공자등예우및지원에관한법률에 의한 연금을 지급 받고 있었는데, 乙의 과실로 인하여 발생된 교통사고로 사망하였습니다. 이 경우 甲의 상속인이 청구할 손해배상액의 산정에 있어서 유족연금액이 공제되는지요?

【답변】➡ 공제됩니다.

　전상군경, 공상군경, 재일학도의용군인, 4·19혁명부
상자 및 특별공로상이자(국가유공자 등 예우 및 지원
에 관한 법률 제12조1항 1호), 전몰군경, 순직군경,
4.19혁명 사망자 및 특별공로자의 유족과 제1호에 해
당하는자가 사망한 경우 그 유족 중 선순위자 1인에게
는 보상금이 지급됩니다(국가유공자 등 예우 및 지원
에 관한 법률 제12조).

　그러므로 공상군경으로 국가유공자 등 예우 및 지원
에 관한 법률에 의한 연금을 지급 받고 있던 甲이 교
통사고로 사망한 경우 甲의 상속인이 청구할 손해배상
액의 산정에 있어서 유족연금액이 공제되는지 문제됩
니다.

　이에 관련된 판례를 보면, "국가유공자 등 예우 및
지원에 관한 법률상 공상군경이 지급받는 연금이나 그
가 사망한 경우에 그 유족이 지급받는 유족연금은 모
두 수급권자의 생활안정과 복지향상을 도모하기 위한
동일한 목적과 성격을 지닌 급부라고 할 것이므로, 연
금을 지급받던 공상군경이 타인의 불법행위로 인하여
사망한 경우에 그 유족이 망인의 연금 상당의 손해배
상청구권을 상속함과 동시에 유족연금을 지급받게 되
었다면 그 유족은 동일목적의 급부를 이중으로 취득하
게 되고, 따라서 그 상속인의 손해액을 산정함에 있어
서는 망인의 연금액에서 유족연금액을 공제하는 것이

형평의 이념에 비추어 상당하다."라고 하였습니다(대법
원 1993. 10. 22. 선고 93다29372 판결).

또한, 국가유공자 등 예우 및 지원에 관한 법률상의
연금을 받던 공상군경이 타인의 불법행위로 사망한 경
우, 공상군경의 유족이 지급 받을 손해액을 산정할 때
공상군경의 연금액에서 유족연금액을 공제하는 취지가
동일한 목적과 내용의 급부가 이중으로 지급되는 것을
막는 데 있는 이상, 사망한 사람의 연금액에서 공제하
여야 하는 유족연금액의 범위는 사망한 사람의 기대여
명기간이 끝날 때까지 그 유족이 받을 금액에 한정되
고, 그 뒤 유족이 불법행위로 인한 사망과 관계없이
받을 수 있는 유족연금액은 이에 포함되지 아니한다."
라고 하였습니다(대법원 2002. 5. 28. 선고 2002다5019
판결).

따라서 甲의 일실수입을 산정하면서 보훈연금을 상
실한 손해를 산정할 경우, 甲의 연금액에서 甲의 기대
여명기간이 끝날 때까지 甲의 상속인이 수령할 유족연
금액은 공제하여야 할 것이나, 甲의 기대여명기간이
끝난 뒤 甲의 상속인의 여명기간까지의 유족연금액까
지 공제하여서는 아니될 것입니다. [법률구조공단자료. 참고만 하세요]

◑ 교직원연금수령을 위한 과거사실혼관계존재확인청구권

【질의】➡ 저는 1년 전 甲과 결혼한 후 결혼 전 각자 소유하고 있던 주택 등의 처리문제로 혼인신고는 하지 않았지만 주민등록상은 동거인으로 되어 있는 상태에서 甲이 질병으로 사망하였습니다. 그런데 甲은 사립학교 교원이어서 사립학교교원연금관리공단에서 상속인에게 연금이 지급되는바, 甲에게는 자녀는 물론 부모도 없으므로 제가 연금지급신청을 하니 사실혼관계존재확인판결을 받아 오라고 하므로 이러한 판결이 가능한지요?

【답변】➡ 가능합니다.

사립학교교직원연금법 제36조에 의하면 "급여를 받을 유족의 순위는 상속받는 순위에 따른다."라고 정하고 있으며, 제2조 제1항 제2호 가목은 "유족 중 배우자를 사실상 혼인관계에 있던 자를 포함한다."라고 규정하고 있습니다.

따라서 위 공단에서 귀하에게 사실혼관계에 있었다는 것을 확인하기 위하여 사실혼관계존재확인판결을 받아오라고 하는 것으로 보입니다.

그런데 甲이 이미 사망한 상태에서 사실혼관계존재확인판결이 가능한 것인지 문제되는바, 판례는 "일반적으로 과거의 법률관계는 확인의 소의 대상이 될 수 없으나, 혼인, 입양과 같은 신분관계와 같이 그것을 전제로 하여 수많은 법률관계가 발생하고 그에 관하여 일일이 개별적으로 확인을 구하는 번잡한 절차를 반복하는 것보다 과거의 법률관계 그 자체의 확인을 구하는 편이 관련된 분쟁을 일거에 해결하는 유효·적절한 수단일 수 있는 경우에는 예외적으로 확인의 이익이 인정된다. 사실혼관계에 있던 당사자 일방이 사망하였더라도, 현재적 또는 잠재적 법적 분쟁을 일거에 해결하는 유효·적절한 수단이 될 수 있는 한, 그 사실혼관계존부확인청구에는 확인의 이익이 인정되고, 이러한 경우 친생자관계존부확인청구에 관한 민법 제865조와 인지청구에 관한 민법 제863조의 규정을 유추적용하여, 생존당사자는 그 사망을 안 날로부터 1년 내에 검사를 상대로 과거의 사실혼관계에 대한 존부확인청구를 할 수 있다고 보아야 한다."라고 하면서(대법원 1995. 3. 28. 선고 94므1447 판결), 산업재해보상보험법상의 유족급여의 수급권과 관련된 사안에서 사실혼관계존재확인청구가 가능하다고 한 바 있습니다.

따라서 위 판례와 유사한 귀하의 경우에 있어서도 귀하와 甲사이에 사실혼관계가 존재하였다는 확인청구가 가능할 것으로 보입니다.

그러나 사망자 사이 또는 생존하는 자와 사망한 자 사이에서는 혼인이 인정될 수 없고, 혼인신고특례법과 같이 예외적으로 혼인신고의 효력의 소급을 인정하는 특별한 규정이 없는 한 그러한 혼인신고가 받아들여질 수 없으므로 위와 같은 사실혼관계존재확인의 판결을 받았을 경우에도 그 판결에 의하여 혼인신고를 할 수는 없는 것입니다(대법원 1991. 8. 13.자 91스6 결정).

참고로 사실혼배우자가 법률상의 배우자가 아니면서도 각종 급여를 받을 권리자로 규정되어 있는 경우를 보면, 산업재해보상보험법 제5조 제3호, 공무원연금법 제3조 제1항 제3호 가목, 선원법시행령 제29조 제1호, 근로기준법시행령 제48조 제1항 제1호, 군인연금법 제3조 제1항 제4호, 독립유공자예우에 관한 법률 제5조 제1항 제1호, 국가유공자 등 예우 및 지원에 관한 법률 제5조 제1항 제1호 등이 있습니다.

[법률구조공단자료. 참고만 하세요]

10. 매매 또는 증여 중에 사망한 경우

① 매매 중에 사망한 경우

부동산에 대한 매매계약을 체결하고 대금 전액이 완불되고 이전등기만 이루어지지 않은 상태에서 매도인이 사망하고 아직 등기명의가 그 피상속인의 명의로 남아 있어도 이미 양도는 완결된 상태이므로 당해 부동산은 상속재산이 아닌 것이 되고, 반대로 매수인이 사망하였다면 아직 등기를 넘겨받기 이전이라도 상속재산에 속하는 것으로 보게 됩니다.

중도금까지만 지급된 상태에서 매도인이 사망하고 상속인이 그 후 잔대금을 지급받고 매수인에게 소유권이전등기를 해준 경우에는 상속개시시점에서는 아직 부동산의 양도가 완성되지 않은 상태이므로 그 부동산 자체가 상속재산이 되고 그에 대한 상속세를 부담하여야 하고, 잔대금지급청구 채권이 상속재산이 되는 것은 아닙니다.

다만, 이 경우 상속재산의 실체를 부동산으로 보건 혹은 대금채권으로 보건간에 과세가액 산정에 있어서는 차이가 없습니다. 왜냐하면 상속재산을 부동산으로 보더라도 그 과세가액은 전체 매매대금에서 피상속인이 이미 수령한 대금을 공제한 나머지 가액으로 평가될 것이기 때문입니다.

반대로 위와 같이 중도금까지만 지급된 상태에서 매수인이 사망한 경우에는 아직 피상속인이 토지에 대한 이전등기를 넘겨받지 못하고 또 잔대금을 지급하지 않았으므로 소득세법상의 양도가 일어나지 않아 토지는 아직 피상속인의 상속재산에 귀속된 상태로 볼 수 없고, 위 이전등기청구권을 상속재산으로 보게 되는데 상속개시 당시를 기준으로 한 그 가액은 피상속인이 매도인에게 지급한 매매대금으로 평가하게 됩니다. 상속인은 잔대금의 지급이라는 반대급부를 부담한 상태의 이전등기청구권을 상속받은 것이므로 목적물의 전체가액에서 위 반대급부에 해당하는 잔대금을 공제한 금원인 이미 지급한 매매대금을 현실적인 상속재산의 가액으로 평가할 수 있습니다. 그것은 부동산으로 전화되는 과정의 현금으로서 만일 계약이 제대로 이행된다면 나머지 대금과 함께 부동산으로 전화되고 계약이 중도 해제된다면 부당이득반환채권을 구성하게 되는 성질의 것입니다.

	대금청산 전 상속개시		대금청산 후 상속개시	
	양도인 사망	양수인 사망	양도인 사망	양수인 사망
상속재산	부동산	이전등기청구권	매매대금	부동산
과세가액	미수령대금	기지급대금	매매대금	부동산 전체가액
상속세 부담	○	○	부동산상속세×	○
양도소득세 부담	상속인 자신의 채무	-	피상속인의 의무승계	-

② 증여 중에 사망한 경우

토지를 증여하고 인도하여 준 후 이전등기를 하기 전에 증여자 또는 수증자가 사망한 때에는 토지의 경우 증여세 납세의무의 성립시기를 이전등기일로 규정하고 있으므로, 이에 의하면 등기 전에 증여자가 사망하면 증여행위에 따른 증여세 납세의무는 아직 성립한바 없으므로 증여세는 과세되지 않지만, 상속세의 측면에서 위 토지가 상속재산에 포함되는가 하는 점은 상속개시시점에서 세법상의 증여가 완성되었다고 볼 수 있느냐를 기준으로 판별하여야 합니다. 따라서 이전등기가 되지 않은 이상 부동산은 증여자의 재산으로 남아 있다고 할 것입니다. 이때 상속인은 부동산을 상속받음과 동시에 피상속인의 증여로 인한 소유권이전등기의무도 승계하게 되지만 대부분 법 제14조 제1항 제3호에 의하여 채무공제의 대상에서 배제될 것이므로 결과적으로 증여대상인 부동산에 대한 상속세를 부담하게 됩니다.

하지만 이 경우 사인증여로 보아 증여자의 상속인이 상속세를 부담하지 않고 수증자만이 상속세를 부담합니다.

	증여자 사망의 경우	수증자 사망의 경우
상속재산	부동산	×(이전등기청구권)
상속세	수증자부담(사인증여)	×
증여세	×	상속인에게 이전등기시

11. 기여분

공동상속인 중에 피상속인의 재산의 유지 도는 증가에 관하여 특별히 기여하거나 피상속인을 특별히 부양한 자가 있을 때에는 상속개시 당시의 피상속인의 재산가액에서 공동상속인의 협의로 정한 그 자의 기여분을 공제한 것을 상속재산으로 보고 법정상속분에 의하여 산정한 기여분을 가산한 액으로써 그 자의 상속분으로 하며, 기여분에 관한 협의가 성립되지 않은 경우에는 기여자의 청구에 의하여 가정법원이 이를 결정하게 됩니다.

민법상 기여분의 성질에 관하여는 공유설·부당이득설·보수설 등 여러 가지 학설이 있으나 상속세법은 이에 관하여 아무런 특별규정을 두지 않고 있습니다. 따라서 기여분으로 인정되는 재산이 있어도 공동상속인들의 협의나 법원의 심판을 거쳐 확정된 기여분의 내용에 따라 상속인들 사이의 상속분만이 달라질 뿐 그 전부가 상속세의 과세대상으로 된다는 점에서는 변함이 없습니다.

◈ 상속재산의 증가에 기여한 자의 상속분

【답변】 ➡ 공동상속인 중 상당한 기간 동거, 간호 그 밖의 방법으로 사망한 자를 특별히 부양하거나, 무이자의 금전대여나 기타 재산의 증여 등과 같이 사망한 자의 재산의 유지 또는 증가에 특별히 기여한 자가 있는 경우, 그의 상속분은 법정상속분에 기여분을 더하여 인정되고, 이 경우 상속재산은 상속개시 당시 사망한 자의 재산 가액에서 기여상속인의 기여분을 공제한 것을 말하며, 기여분은 상속이 개시된 당시 사망한 자의 재산가액에서

유증의 가액을 공제한 액을 넘지 못합니다.

기여분의 청구는 공동상속인의 상속재산분할청구가 있거나, 인지 받은 자 등이 그 상속분에 상당한 가액의 지급청구가 있는 경우, 공동상속인간 기여분에 대하여 협의되지 않음을 이유로 가정법원에 청구할 수 있으며, 이 경우 법원은 기여의 시기·방법 및 정도, 상속재산의 가액 기타 사정을 참작하여 기여분을 정하게 됩니다.(민법 제1008조의2, 제1013조, 제1014조) [법률구조공단자료. 참고만 하세요]

◈ 피상속인 재산의 증가에 기여한 상속인의 기여분

【질의】 ➡ 저는 혼인 전부터 직업 없이 빈둥거리던 남편과 달리 열심히 노력하여 음식점을 마련하였으나 남편명의로 하였고, 시부모까지 모시고 살았습니다. 그런데 최근 남편이 사망하면서 상속인으로 자녀가 없어 시부모와 공동상속 하게 되었는바, 저는 위 음식점이 저의 노력으로만 마련한 것이기에 제가 단독으로 상속받고 싶은데 법적으로 가능한지요?

【답변】 ➡ 가능합니다.

기여분이란 공동상속인 중에서 피상속인재산의 유지 또는 증가에 관하여 특별히 기여하였거나, 피상속인을 특별히 부양하는 자가 있을 경우에는 이를 상속분의 산정에 고려하는 제도입니다. 즉, 공동상속인 사이에 실질적인 공평을 꾀하려는 제도로서 개정민법에 신설한 제도입니다. 피상속인이 상속개시 당시에 가지고 있던 재산의 가액에서 기여상속인의 기여분을 공제한 것을 상속재산으로 보고 상속분을 산정하여 이 산정된 상속분에다 기여분을 보탠 액을 기여상속인의 상속분으로 합니다(민법 제1008조의2 제1항).

그리고 기여분을 주장할 수 있는 자는 공동상속인에 한하므로 공동상속인이 아닌 자는 아무리 피상속인의 재산의 유지 또는 증가에 기여하였더라도 기여분의 청구를 할 수 없습니다. 예컨대, 사실상의 배우자, 포괄적 수증자 등은 상속인이 아니므로 기여분권리자가 될 수 없습니다.

기여의 정도는 통상의 기여가 아니라 특별한 기여이어야 되며, 특별한 기여라 함은 본래의 상속분에 따라 분할하는 것이 기여자에게 불공평한 것으로 명백히 인식되는 경우로서 예를 들어 수인의 아들 가운데 한 사람이 무상으로 부(父)의 사업을 위하여 장기간 노무를 제공한 경우는 이에 해당하나 배우자의 가사노동은 배우자 서로간 부양의무가 있으므로 특별한 기여에 해당한다고 볼 수는 없다고 하겠습니다.

기여분은 공동상속인의 협의 또는 가정법원의 심판으로 결정됩니다. 가정법원은 협의가 되지 아니하거나 협의할 수 없는 때에는 기여자의 청구에 의해 기여의 시기, 방법 및 정도와 상속재산의 액, 기타의 사정을 참작하여 기여분을 정합니다(민법 제1008조의 2 제3항).

기여분은 상속이 개시된 때의 피상속인의 재산가액에서 유증의 액수를 공제한 액을 넘지 못하며(민법 제1008조의2 제3항), 이 제한은 기여분 보다는 유증을 우선시키기 위한 것입니다.

이상에서 살펴본 바와 같이 귀하의 경우에는 기여분에 대하여 보호를 받을 수 있으며, 보호방법으로는 공동상속인끼리 협의를 하고, 협의가 되지 않거나 협의가 불가능한 경우에 가정법원에 청구하여 기여분을 보호받을 수도 있습니다. [법률구조공단자료. 참고만 하세요]

12. 비과세재산

상속으로 인하여 권리의 승계가 이루어지지만 국가정책적 고려 또는 사회복지나 전통의 계승과 같은 공익목적에서 법이 상속세 과세대상에서 제외시킨 것이 있습니다. 전사나 공상으로 인한 사망으로 상속이 개시된 경우에는 피상속인이 소유한 모든 재산에 대하여 상속세를 부과하지 않고, 그 밖에 국가·지방자치단체 또는 공공단체에 유증한 재산, 문화재보호법의 규정에 의한 국가 및 시·도지정문화재와 보호구역안의; 대통령령이 정하는 토지, 일정범위의 금양임야 및 묘토, 정당이나 대통령령이 정하는 사회단체에 유증한 재산, 이재구호금품 등이 상속세 비과세재산으로 규정되어 있습니다.

비과세재산 중 자주 문제가 되는 것은 금양임야 및 묘토 등 민법 제1008조의3에 규정된 재산입니다. 민법은 분묘에 속한 1정보 이내의 금양임야와 600평 이내인 묘토인 농지·족보·제구의 소유권은 제사를 주재하는 자가 이를 승계한다고 하고, 상속세및증여세법 제12조 제3호 및 시행령 제8조 제3항은 제사를 주재하는 상속인(다수의 상속인이 공동으로 제사를 주재하는 경우에는 그 공동으로 주재하는 상속인 전체)을 기준으로 피상속인이 제사를 주재하고 있던 선조의 분묘에 속한 9,900㎡ 이내의 금양임야 및 1,980㎡ 이내의 묘토인 농지와 족보 및 제구를 상속세 비과세대상으로 규정하고 있습니다. 다만, 금양임야와 묘토인 농지의 재산가액의 합계액이 2억원을 초과하는 경우 2억원을 한도로 비과세 한도액으로 설정되어 있습니다.

금양임야한 벌목을 금지하는 임야를 뜻하며 제사용 자원으로서 특정한 제신에게 제공된 토지 중 분묘에 부속된 임야 즉 종산 내지 묘산에서 분묘기지를 제외한 수익용부분을 말하고 묘토인 농지와 함께 관습상의 위토를 구성하는 토지를 말합니다.

민법 제1008조의3에 의한 위 금양임야 등의 승계는 "사망으로 인한 포괄적인 재산의 승계"를 뜻하는 것으로서 넓은 의미의 상속에 포함되고, 따라서 원칙적으로 상속세의 규율대상에 속하지만, 이를 특별히 일반상속의 대상에서 제외한 이유는 제사용 재산을 공동상속하게 하거나 평등분할하도록 하는 것은 조상숭배나 가통의 계승을 중시하는 우리의 습속이나 국민감정에 반한다는 데 있는 것으로 설명되고, 다라서 금양임야가 수호하는 분묘의 기지가 제3자에게 이전된 경우에도 그 분묘를 사실상 이전하여 이장하기 전까지는 그 임야는 여전히 금양임야로서의 성질을 지니고 있다는 것이 판례의 입장입니다.

또한 위 규정범위에 속하는 금양임야는 특별한 사정이 없는 한 종손이 제사주재자로서 이를 승계하고 설사 종손이외의 상속인들 앞으로 소유권이전등기를 했더라도 이는 무효이므로 그 임야는 금양임야로서의 성격을 유지합니다. 다만, 금양임야의 상속인과 제사주재자가 다른 경우에는 그 금양임야는 상속인들의 일반상속재산으로 돌아가며 상속인이 아닌 제사주재자에게 그 소유권이 승계되지 않는다는 것이 판례의 입장입니다.

비과세대상인 묘토는 이를 경작하여 얻은 수확으로 분묘의 수호, 관리비용이나 제사의 비용을 조달하는 자원인 농토를 말하고 반드시 제사비용을 조달하는 농토만을 의미하지는 않습니다. 그러나 비과세 대상이 되려면 상속개시 당시에 이미 묘토로 사용되고 있어야 하고 원래 묘토로 사용하기로 한 경우는 이에 해당하지 않습니다.

여러개의 분묘가 있는 경우, 분묘에 속한 묘토의 범위는 그 승계자를 기준으로 한 600평 이내가 아니고 봉사의 대상이 되는 분묘 매1기당 600평 이내를 기준으로 합니다.

13. 상속세의 과세가액

상속세의 과세가액이란 순수 이론적으로 말하면 상속에 의하여 상속인이 취득하는 순증재산의 금액, 즉 상속세의 과세대상이 되는 적극재산의 전체가액에서 상속인에게 승계되는 소극재산의 가액을 공제한 나머지 금액을 의미하고, 이는 과세표준 산정의 기초가 됩니다. 그러나 법은 피상속인의 생전증여재산과 같이 상속개시시점에서 보면 이미 본래 의미의 상속재산에는 해당하지 아니하는 재산의 가액을 과세가액에 가산하기도 하고, 일정한 채무는 피상속인이 부담하고 있는 것이 밝혀지더라도 공제대상세서 배제하는 한편, 상속개시 전 일정 기간내에 처분한 재산이나 부담한 채무의 금액은 피상속인이 이를 현금으로 보유하고 있다가 상속해 준 것으로 추정하는 방식으로 과세가액에 산입하고, 공익목적에 출연한 재산의 가액은 본액 의미의 상속재산에 해당함에도 불구하고 일정한 조건하에서 과세가액에 불산입하도록 규정하고 있습니다. 결국 조세정책적 필요나 사회정책적 필요에 의하여 상속만에 의하여 변동된 재산순증액 이외에 일정 범위의 재산가액을 과세가액의 산정에 가산하거나 차감함으로써 과세범위를 조정하여 규정하고 있다고 할 수 있습니다.

또한 법은 피상속인이 거주자인 경우와 비거주자인 경우의 과세가액 산정방식을 다르게 규정하고 있습니다.

피상속인이 거주자인 경우의 상속세 과세가액은, ① 상속재산 가액에 ② 상속개시일 전 10년 이내에 피상속인이 상속인에게 증여한 재산가액과 ③ 상속개시일 전 5년 이내에 피상속인이 상속인 아닌 자에게 증여한 재산가액을 합한 금액에서 공과금·장례비용 및 채무(상속개시일 전 10년 이내에 피상속인이 상속인에게 진 증여채무와 상속개시일 전 5년 이내에 피상속인이 상속인이 아닌 자에게 진 증여채무는 제외)를 공제하여 계산합니다.

이에 비해 피상속인이 비거주자인 경우에는, 국내에 있는 증여재산만을 위 상속재산의 가액에 가산하고, 공제금액도 ① 당해 재산에 관한 공과금, ② 당해 상속재산을 목적으로 하는 유치권·질권 또는 저당권으로 담보된 채무, ③ 피상속인의 사망 당시 국내에 사업장이 있는 경우로서 비치·기장한 장부에 의하여 확인되는 사업상의 공과금 및 채무만이 그 대상이 됩니다.

(1) 공과금

상속개시일 현제 피상속인이 납부할 의무가 있는 것으로서 상속인에게 승계된 조세, 공공요금 기타 이와 유사한 공과금은 상속재산의 과세가액을 산정함에 있어 공제해야 합니다.

피상속인이 비거주자인 경우에는, 국내소재 상속재산만을 상속세 과세대상으로 하고 있으므로 그 재산에 관한 공과금만이 공제대상이 됩니다.

(2) 장례비용

장례비용은 상속개시 당시에 존재한 채무는 아니나, 상속개시에 수반하는 필연적인 비용으로서 그만큼 상속인의 담세력을 감소시킨다는 점에서 이를 과세가액산출에 있어서 상속재산가액에서 공제하도록 하였습니다.

공제대상인 장례비용은 피상속인의 사망일부터 장례일까지 장례에 직접 소요된 금액으로서 사회통념이나 풍속 등에 비추어 합리적인 범위 내의 비석 및 상석 설치비용, 묘지구입 및 조경비용이 모두 포함되고, 그 금액이 500만원 미만인 경우에는 500만원으로 하고 1천만원을 초과하는 경우에는 1천만원으로 합니다.

또한 납골시설비용은 500만원을 한도로 추가공제됩니다.

따라서 장례비용으로 총 1,500만원까지 공제가 가능합니다.

(3) 채무

상속개시 당시 피상속인이 부담하고 있는 채무는 원칙적으로 모두 상속재산가액에서 공제합니다. 그러나 공제대상 및 범위에 관하여 논란이 있는 몇가지 채무가 있습니다.

① 미확정채무 - 상속개시 시점에서 채무가 성립은 하였으나 아직 금액이 미확정인 경우 공제대상이 될 수 있는가 하는 점이 문제가 됩니다. 그러나 채무부담이 확정되어 있다면 비록 금액이 피상속인의 사망 후 확정되더라도 공제대상에 포함된다고 봄이 상당합니다. 피상속인이 타인의 채무에 대하여 계속적 보증을 한 후 보증기간 중에 사망하였으나 그 후 보증기간 만료시점에서 채무액이 확정되는 경우, 피상속인이 생전에 제기한 소송사건의 변호사비용으로서 피상속인의 사망 후 그 금액이 확정되는 경우 등을 예로 들 수 있습니다.

이러한 채무는 피상속인의 생존하였더라면 이행하였을 채무이므로 공제하는 것이 맞습니다.

② 보증채무 - 피상속인이 부담하고 있는 보증채무는 주채무자가 변제불능의 무자력 상태에 있기 때문에 피상속인이 그 채무를 이행하지 않으면 안될 뿐만 아니라 주채무자에게 구상권을 행사하더라도 변제받을 가능성이 없다고 인정되는 때에 한하여 그 채무금액을 상속재산가액에서 공제할 수 있습니다.

공제대상인 채무는 피상속인이 종국적으로 부담하여 이행할 것이 확실하다고 인정되는 채무를 뜻한다고 해석되지 때문입니다.

이 경우 주채무자의 변제불능 상태 여부는 일반적으로 주채무자에 대하여 파산, 회사정리 혹은 강제집행절차가 개시되거나, 사업폐쇄·행방불명·형의 집행 등에 의하여 채무초과 상태가 상당기간 계속되면서 달리 융자를 받을 가능성도 없고 계기의 방도도 서 있지 않는 등의 사정에 의하여 사실상 채권을 회수할 수 없는 상황에 있는 것이 객관적으로 인정될 수 있는가에 따라 결정해야 합니다. 그와 같은 사유는 상속세 과세가액을 결정하는데 예외적으로 영향을 미치는 특별한 사유이므로 납세의무자가 그 사유의 존재에 대한 주장·입증책임을 부담합니다.

수인이 연대보증을 한 경우 그 공제대상은 원칙적으로 피상속인의 부담부분인 보증채무에 한하는 것이지만, 연대보증인 중에 변제불능의 상태이고 구상하여 변제를 받을 가능성이 없는 자가 있어서 그 부담부분까지 피상속인의 상속재산에서 변제되었다면 그 부분도 상속채무로서 상속세 과세가액에서 공제될 수 있습니다.

계속적 보증의 경우에도 상속인은 특별한 사정이 없는 한 보증인의 지위를 승계하므로, 위와 같은 주채무자의 무자력 사실이 입증되면 피상속인의 사망 후 보증기간 만료시점까지 사이에 발생된 주채무금액 전액이 공제대상이 됩니다.

피상속인이 물상보증을 한 경우에는 직접 채무를 부담하는 것은 아니지만, 보증채무에서와 같은 주채무자의 무자력 사정이 입증되면 그 부동산의 평가가액에서 근저당권의 채권최고액 범위내에서 사싱상 부담하게 될 부담금액 만큼의 공제가 인정되어야 합니다.

③ 연대채무 – 피상속인이 연대채무자인 경우에 상속재산에
서 공제할 채무액은 상속인의 부담분에 상당하는 금액에
한합니다. 다만 다른 연대채무자가 변제불능의 상태가 되
어 피상속인이 그의 부담분까지 부담하게 되었고 그 부담
분에 대하여 상속인이 구상권을 행사하더라도 변제받을
수 없다고 인정되는 경우에는 그 다른 연대채무자의 부담
분까지 공제대상이 됩니다.

④ 퇴직금 지급채무

피상속인의 사업과 관련하여 고용한 사용인에 대한 상속개
시일까지의 퇴직금 상당액은 상속개시 당시의 피상속인의 채
무에 포함됩니다.

14. 생전 처분재산 및 예금인출에 대한 과세

피상속인이 재산을 처분하여 받거나 피상속인의 재산에서
인출한 금액이 상속개시일 전 1년 이내에 재산종류별로 계산
하여 2억원 이상인 경우와 상속개시일 전 2년 이내에 재산종
류별로 계산하여 5억원 이상인 경우로서 대통령령이 정하는
바에 의하여 용도가 객관적으로 명백하지 않은 경우, 그 부담
한 채무의 합계액이 상속개시일 전 1년 이내에 2억원 이상인
경우와 상속개시일 전 2년 이내에 5억원 이상인 경우로서 대
통령령이 정하는 바에 의하여 용도가 객관적으로 명백하지 않
은 경우에는 이를 각 상속받은 것으로 추정하여 법 제13조 규
정에 의한 상속세과세가액에 산입하고, 나아가 피상속인이 국

가·지방자치단체 및 대통령령이 정하는 바에 의하여 상속인이 변제할 의무가 없는 것으로 추정되는 경우에도 이를 법 제13조 규정에 의한 상속세 과세가액에 산입합니다.

위 규정이 적용되면 처분된 재산의 처분금액을 상속세 과세가액에 산입한다는 취지이지 그 재산 자체가 과세대상인 재산이 된다는 의미는 아닙니다. 다만, 그 처분가액이 확인되지 않는 경우에는 처분당시를 기준으로 한 평가액에 의할 수밖에 없을 것입니다.

한편 상속세법 제15조의 규정에 의하여 재산처분대금 등이 상속세과세가액에 포함되더라도 그것이 현금으로 상속되었음이 증명되지 않는 한 국세기본법 제24조 제1항 소정의 '상속으로 받은 재산'이라고 할 수 없고, 그와 같이 상속재산처분대금이 현실적으로 상속되어 위 '상속으로 인하여 얻은 재산'의 범위에 포함되었다는 점에 대한 입증책임은 원칙적으로 과세관청이 부담하게 됩니다.. 그러나 상속재산 처분대금이 상속인에게 현금으로 상속되었다고 추정할만한 간접사실을 입증하는 것으로도 충분합니다.

15. 공익목적 출자재산의 과세

상속개시 이전에 피상속인이 이미 처분하였지만 법에 의하여 상속세 과세가액에 산입대상이 되는 재산 또는 상속개시 당시 피상속인이 보유하는 본래 의미의 상속재산에 해당하지만, 공익목적의 달성을 위한 상호정책적 이유에서 일정한 경우에 그 재산을 상속세 과세가액 산입에서 제외하는 경우가 있고, 그러한 재산을 과세가액 불산입재산이라고 합니다.

법은 제4절에서 공익사업 출연재산과 공익신탁재산을 그 대상으로 규정하고 있습니다.

과세가액 불산입재산과 비과세재산은 과세에서 제외되는 법적 효과에 있어서는 동일하나, 과세가액 불산입재산은 재산의 일부에 대하여만 과세가액에 산입하지 않거나 또는 일정한 조건 아래 다시 과세할 수 있다는 점 등에서 차이가 있습니다.

상속재산 등 피상속인 또는 상속인이 종교·자선·학술 기타 공익을 목적으로 하는 사업을 영위하는 공익법인 등에게 과세표준 신고기한내에 출연한 재산의 가액은 상속세 과세가액에 산입하지 않습니다. 이는 문화의 향상, 사회복지 및 공익의 증진 등을 목적으로 하는 공익사업은 국가나 지방재정으로 하여야 할 일이고 개인이 여기에 출연하는 것은 국가나 지방재정을 대신하는 것이므로 이를 장려·촉진하고자 하는 취지입니다.

그러나 재벌기업의 주주 등이 공익법인을 설립하고 소유기업의 주식을 출연하여 기업에 대한 지배력은 간접적으로 유지하면서 상속세의 부담을 줄이는 편법을 사용하는 등, 공익사업을 앞세워 변칙적인 재산출연행위를 하여 탈세나 부의 증식수단으로 악용하는 것을 방지하기 위하여 공익법인 등에 재산을 출연하였을지라도 그 법인의 조직상 공익성 보장에 장애가 될 수 있는 요소를 지니고 있는 에는 과세가액 불산입을 배제하는 불산입의 예외규정을 두고 있습니다.

즉, 공익법인 등에 내국법인의 의결권 있는 주식 또는 출자지분을 출연한 경우 그 공익법인 등의 주식 등의 기본 보유분과 합하여 발행주식총수 또는 출자가액의 5%를 초과하는 경우에는 그 초과부분을 상속세 과세가액에 산입하되, 다만, 직접 공익목적에 사용한 실적과 그 밖에 그 공익법인등의 공익 기여도 등을 고려하여 대통령령으로 정하는 기준에 해당하는 공익법인등과 국가·지방자치단체가 출연하여 설립한 공익법인등 및 이에 준하는 것으로서 대통령령으로 정하는 공익법인 등에 대해서는 그러지 않습니다.

또한 공익사업 출연재산 및 그 재산에서 생기는 이익의 전부 또는 일부가 상속인 및 그와 특수관계에 있는 자에게 귀속되는 경우에는 대통령령이 정하는 가액이 상속된 것으로 보아 그에 대한 상속세를 즉시 부과하도록 규정하고 있습니다.

이러한 규정은 재벌기업의 주주 등이 공익법인을 설립하고 소유기업의 주식을 출연하여 기업에 대한 지배력은 간접적으로 유지하면서 상속세의 부담을 줄이는 편법의 이용을 차단하고자 하는 것입니다. 법은 같은 취지에서 출연자와 특수관계에 있는 자가 당해 공익사업의 운영에 간섭하는 것을 배제하고, 출연된 재산의 목적내 사용을 보장하기 위한 장치를 마련하고 있습니다.

16. 기초공제

상속세의 과세표준을 계산함에 있어 과세가액에서 일률적으로 금액을 공제하는 것을 기초공제라 하고, 현재는 2억원으로 규정되어 있습니다.

다만, 가업상속에 대해서는 2억원 또는 가업상속 재산가액의 100분의70에 해당하는 금액(다만 그 금액이 100억원을 초과하는 경우에는 100억원을 한도로 하되 피상속인이 15년 이상 계속하여 경영한 경우에는 150억원, 20년 이상 계속하여 경영한 경우에는 300억원 한도로 한다)중 큰 금액을 한도로, 영농상속에 대해서는 2억원을 한도로 영농상속재산가액을 각 추가하여 공제하되, 그 공제를 받은 상속인은 상속개시일부터 10년 이내에 대통령령이 정하는 정당한 사유 없이 그 상속받은 재산을 처분하거나 가업 또는 영농에 종사하지 아니하게 된 경우에는 다시 상속세를 부과합니다(상속세 및 증여세법 제18조 참조).

가업상속 또는 영농상속을 받은 상속인은 가업상속 및 영농상속에 해당됨을 입증하기 위한 서류를 납세지관할세무서장에게 제출하여야 하지만, 기한 내에 위 서류제출이 없었다고 하여 공제의 혜택이 사라진다고는 볼 수 없습니다. 영농상속과 가업상속의 인정범위와 요건은 시행령에 상세한 규정이 있습니다.

위와 같은 기초공제의 확장은 농·어민의 경제활동을 지원하는 한편, 농림어업을 제외한 제조업·건설업·도소매업·음식숙박업 등의 가업상속인에 대하여도 가업상속을 장려·지원한다는 취지에서 일반인보다 추가공제의 혜택을 부여한 것입니다.

17. 배우자 공제

배우자가 실제 상속받은 금액 전부를 상속세 과세가액에서 공제하되, 상속재산(상속재산 중 상속인이 아닌 수유자가 유증 등을 받은 재산은 제외하고, 법 제13조 제1항 제1호에 규정된 생전증여재산은 가산)의 가액에 민법 제1009조에 규정된 배우자의 법정상속분(공동상속인 중 상속을 포기한 자가 있는 경우에는 그 자가 포기하지 아니한 경우의 배우자의 법정상속분)을 곱하여 계산한 금액에서 법 제13조의 규정에 의하여 상속재산에 가산한 증여재산 중 배우자에게 증여한 재산에 대한 과세표준(제55조 제1항의 규정에 의한 과세표준)을 차감한 가액(그 금액이 30억원을 초과하는 경우에는 30억원을 한도로 함)을 한도로 하는데 이를 배우자 공제라 합니다.

즉 실제 상속받은 금액이 위 법정상속분을 기초로 산정한 금액보다 적으면 실제 상속금액을 공제하고, 이를 초과하는 경우 위 법정상속분을 기초로 산정한 금액을 공제하는 것입니다.

> **[(상속재산) + 사전증여재산 − 상속인의 유증재산) × 배우자 법정상속지분] − 배우자에게 10년 내 증여한 재산에 대한 과세표준**

배우자 상속공제는 원칙적으로 과세표준 신고기한의 다음날부터 6월이 되는 날까지 상속재산을 분할(등기·등록·명의개서 등을 요하는 경우에는 그 등기·등록·명의개서 등이 된 것에 한한다)하여 배우자의 상속지분을 신고한 경우에 한하여 적용합니다. 다만, 신고기한 이내에 상속재산을 분할할 수 없는 부득이한 일정한 사유가 있는 경우에는 기한을 연장하여 주는 특칙이 있습니다.

배우자가 실제 상속받은 재산이 없거나 상속받은 금액이 5억원 미만인 경우에는 위 신고가 없더라도 5억원의 정액을 공제합니다. 따라서 배우자 상속공제의 최소한도는 신고유무에 관계없이 5억원이 됩니다.

18. 기타 인적공제

거주자의 사망으로 상속이 개시된 경우 피상속인과 상속인의 인적관계 등을 기초로 일정금액을 과세가액에서 공제합니다.

① 자녀공제 : 자녀 1인에 대하여 각 3,000만원

② 미성년자공제 : 상속인(배우자 제외) 및 동거가족 중 미성년자에 대하여 500만원에 20세에 달하기까지 연수를 곱한 금액

③ 연로자공제 : 상속인 및 동거가족 중 60세 이상인 자에 대하여 3,000만원

④ 장애인공제 : 상속인 및 동거가족중 장애인에 대하여 500만원에 상속개시일 현재 통계청장이 승인하여 고시하는 통계표에 따른 성별·연령별 기대여명의 연수를 곱한 금액

위 각 공제 중 자녀공제와 미성년자공제는 중복적용하고, 장애자공제 해당자가 배우자공제 및 다른 기타 인적공제에 해당하면 모두 적용하여 합산한 금액을 공제합니다. 그러나 그 밖의 다른 인적공제, 예를 들어 자녀공제와 연로자공제는 중복하여 적용할 수 없습니다.

그리고 공제금액 산정에 있어 1년 미만의 단수는 1년을 적용합니다.

19. 상속세의 세율

상속세의 세액은 과세표준에 세율을 적용하여 산출하는데, 그 과세표준은 법 제13조 내지 제15조에 의한 과세가액에서 제18조 내지 제24조의 상속공제 금액(과세가액공제 금액)을 차감한 금액입니다.

각종 상속공제를 하여 산출된 과세표준이 50만원 미만인 경우에는 상속세를 부과하지 않습니다.

상속세는 5단계의 다음과 같이 초과누진세율로 되어있습니다.

과세표준	세율
1억원 이하	과세표준의 100분의 10
1억원 초과 5억원 이하	1천만원 + 1억원 초과금액의 100분의 20
5억원 초과 10억원 이하	9천만원 + 5억원 초과금액의 100분의 30
10억원 초과 30억원 이하	2억4천만원 + 10억원 초과 금액의 100분의 40
30억원 초과	10억4천만원 + 30억원 초과금액의 100분의 50

20. 상속세의 납부신고

상속세납부의무가 있는 상속인 또는 수유자는 상속개시일(유언집행자 또는 상속재산관리인에 대하여는 지정 또는 선임되어 직무를 시작하는 날)부터 6개월(피상속인 또는 상속인이 외국에 주소를 둔 경우에는 9개월)이내에 상속재산의 종류·수량·평가가액·재산분할 및 각종 공제 등을 입증할 수 있는 서류 등을 첨부·제출하여 납세지관할세무서장에게 과세가액 및 과세표준을 신고해야 합니다.

신고기한 내에 상속인이 확정되지 않은 경우에는 과세표준 신고와는 별도로 상속인이 확정된 날로부터 30일 이내에 확정된 상속인의 상속관계를 기재하여 관할세무서장에게 제출해야 합니다.

상속세는 부과납세방식의 조세이므로 위와 같은 신고는 과세관청이 조사결정을 하는데 참고자료가 될 뿐이지만, 신고를 유도함으로써 과세행정상의 부담을 경감하기 위하여 법은 신고기한 내에 신고를 하면 세액공제의 혜택을 부여하는 한편, 신고의무를 제대로 이행하지 않으면 신고불성실가산세를 부과하고 있습니다.

신고한 경우 세액공제금액은, 상속세산출세액에서 ① 문화재자료 등에 대한 징수유예금액, ② 상속세 및증 여세법 또는 다른 법률의 규정에 의하여 산출세액에서 공제 또는 감면되는 금액을 각 공제한 금액의 10%에 상당하는 금액입니다. 즉 신고액 전부가 아니고 그 중 정당한 평가가액을 기초로 하게됩니다.

상속납부액이 1천만원을 초과하는 경우에는 연부연납을 허가받은 경우를 제외하고는 대통령령이 정하는 바에 따라 그 납부할 금액의 일부를 납부기한 경과 후 2개월 이내에 분납할 수 있습니다.

연부연납은 허가받은 날로부터 5년 이내의 연부연납을 허가받을 수 있습니다.

상속인 또는 수유자가 과세표준과 세액을 신고기한 내에 신고하지 않거나 미달하여 신고한 때(납부할 세액이 없는 경우는 제외)에는 20%의 가산세를 물게 됩니다.

제2장 증여세

제1절 개요

1. 증여세란?

증여세는 재산의 수증을 과세물건으로 하여 부과되는 국세입니다. 증여세와 상속세는 모두 부의 무상이전을 대상으로 합니다. 하지만 상속세는 피상속인의 사망을 계기로 무상으로 이전되는 피상속인의 유산을 과세대상으로 함에 비하여, 증여세는 생존 중의 증여로 인하여 수증자가 취득한 재산을 과세대상으로 한다는 점에서 차이가 있습니다.

증여세가 없다면 생전이전의 방법으로 상속세는 얼마든지 회피될 수 있다는 점에서 증여세는 상속세의 보완세라고 일컬어지고, 실제로 증여세에 관한 많은 규정은 증여가 상속세의 회피수단으로 이용되는 것을 방지하려는 뜻을 담고 있고, 그 반면 상속세의 세액계산에 있어 증여세액을 공제하는 등 중복과세를 방지하기 위한 여러 장치들이 마련되어 있습니다.

한편 사인증여는 생전의 증여계약이지만 사망을 계기로 재산이 이전된다는 점에서 상속세의 과세대상을 되어 있습니다.

제2절 증여세 과세 및 신고납부

1. 증여세의 과세방식

증여세의 과세방식은 납세의무자를 증여자로 하느냐 수증자로 하느냐에 따라 증여자과세방식과 수증자과세방식이 있습니다.

증여자과세방식은 상속세의 유산세방식에 상응하고, 수증자과세방식은 유산취득세방식에 상응하는 것이나 우리나라 법에서는 상속세에 대해서는 유산세방식을 취하면서도 증여세에 대해서는 수증자과세방식을 취하고 있습니다.

현행법에서는 증여세는 타인의 증여로 인한 증여재산이 있는 경우에 그에 대하여 부과하고, 수증자가 거주자인 경우에는 증여받은 모든 증여재산에 대하여, 비거주자인 경우에는 국내에 있는 증여재산에 대해서만 과세합니다.

세액의 산출방식은, 먼저 증여재산에서 비과세재산을 제외한 재산이 과세재산이 되고, 그 가액에서 증여재산에 의하여 담보된 채무를 공제한 것이 과세가액이 되나, 일정한 요건 아래에서 공익목적 출연재산·공익신탁재산 및 장애인이 증여받은 재산의 가액은 과세가액에 산입되지 않습니다.

과세가액에서 증여재산공제 및 재해손실공제를 한 금액이 과세표준이 되고, 과세표준에 해당세율을 적용하면 산출세액이 됩니다. 여기에 직계비속에 대한 증여의 할증과세액을 가산하고, 외국납부세액공제, 기납부세액공제, 신고세액공제를 한 것이 신고세액 내지 결정세액이 되며, 신고세액에서 연부연납신

청세액, 물납신청세액, 문화재자료 등에 대한 징수유예세액을
공제한 금액이 신고납부세액이 됩니다.

[증여세의 과세체계]

증여재산 : 협의의 증여재산 + 증여의제 및 추정재산

↓

과세재산 : 증여재산 - 증여세 비과세재산

↓

과세가액 : 과세재산 가액 - 담보된 채무금액 - 과세가액 불산입
재산(공익목적출연재산·공익신탁재산·장애인이 증여받은 재산)
가액 - 증여세면제 재산가액

↓

과세표준 : 과세가액 - 증여재산공제 - 재해손실공제

↓

산출세액 : 과세표준 × 세율

↓

신고세액·결정세액 : 산출세액 + 직계비속에 대한 증여의 할증과
세 - 세액공제(외국납부세액공제·기납부세액공제·신고세액공제)

↓

신고·납부할 세액 : 신고(결정)세액 - 연부연납신청세액 - 물납신
청세액 - 문화재자료 등 징수유예세액 + 가산세

2. 증여세의 납세의무자

증여세의 납세의무자는 증여에 의하여 재산을 무상으로 취득한 자, 즉 수증자를 말합니다. 즉, 우리 법은 수증자 과세방식을 취하고 있습니다.

증여자도 일정한 경우에 수증자와 연대하여 납세할 의무를 부담하지만 고유의 납세의무는 수증자입니다. 수증자는 개인이든 법인이든 상관이 없지만, 영리법인이 증여받은 경우에는 법인세의 부과대상이 되므로 따로 증여세는 부담하지 않지만, 법 제45조의2의 규정(명의신탁재산의 증여의제)에 의한 증여세를 명의자인 영리법인이 면제받은 경우에는 실제소유자(영리법인 제외)가 당해 증여세를 납부할 의무가 있습니다. 법인격 없는 사단·재단·기타 단체는 비영리법인으로 간주되므로 증여세의 납세의무자가 될 수 있습니다.

3. 증여세의 납세의무의 성립

① 권리의 이전이나 그 행사에 등기·등록을 요하는 재산·부동산(신축건물 제외)·자동차·중기 등이 이에 해당합니다.

등기·등록일이 기준이 되고, 다만 법률의 규정에 의한 부동산 취득의 경우에는 실제로 부동산 소유권을 취득한 날이 됩니다.

현실적으로 가장 많이 문제되는 부동산에 관하여 판례는 특별한 사정이 없는 한 이전등기시에 증여세의 과세요건이 완성된다고 수차례 판결하였습니다. 이는 재산이전이 외부적으로 명백히 드러나는 등기이전시를 증여세의 과세요건이 완성되는 때로 보는 것이 제척기간 등과 관련하여 그 시기를 객관적으로 명확히 할 수 있고, 그로써 당사자의 담합 등으로 인한 분쟁의 여지를 줄일 수 있다는 점 등을 고려한 것입니다. 소득세법상의 양도는 원칙적으로 등기이전시가 아닌 대금청산시로 보고 있으나 유상양도의 경우에는 상대적으로 담합의 여지가 적다는 점에서 무상양도인 증여의 경우와 동일하게 볼 수 없습니다.

다만, 명의신탁이 되어 있는 부동산을 신탁자가 그 등기명의를 그대로 둔 채 제3자에게 증여함에 있어서 수탁자가 그 증여사실을 알고 신탁자의 지위 이전에 대하여 동의 내지 승낙을 하여 수증자에게 신탁자의 지위가 승계되는 경우에는 수탁자가 그 동의 내지 승낙을 한 때를 증여재산의 취득시기로 봅니다.

② 건물을 신축하여 증여할 목적으로 수증자의 명의로 건축허가를 받거나 신고를 하여 완성한 경우에는 그 건물의 사용승인서 교부일이 납세의무의 성립일이 됩니다. 다만, 사용승인 전에 사실상 사용하거나 임시사용승인을 얻은 경우에는 그 사실상의 사용일 또는 임시사용승인일로 하고, 건축허가를 받지 아니하거나 신고하지 아니하고 건축하는 건축물에 있어서는 그 사실상의 사용일이 증여재산의 취득시기가 됩니다.

③ 동산의 경우에는 인도한 날 또는 사실상의 사용일이 증여재산의 취득시기가 됩니다.

④ 주식 또는 출자지분은 수증자가 배당금의 지급이나 주주권의 행사 등에 의하여 당해 주식 등을 인도받은 사실이 객관적으로 확인되는 날. 다만, 당해 주식 등을 인도받은 날이 불분명하거나 당해 주식등을 인도받기 전에 상법 제337조 또는

제557조의 규정에 의하여 취득자의 주소와 성명 등을 주주명
부 또는 사원명부에 기재한 경우에는 그 명의개서일 또는 그
기재일이 증여재산의 취득시기가 됩니다.

⑤ 무기명채권은 당해 채권에 대한 이자지급사실 등에 의하
여 취득사실이 객관적으로 해당되는 날이 증여재산의 취득시
기가 됩니다. 다만 그 취득일이 불분명한 경우에는 당해 채권
에 대하여 취득자가 이자지급을 청구한 날 또는 당해채권의
상환을 청구한 날이 됩니다.

4. 증여세의 과세대상

법 제2조의 규정에 의하여 증여세의 과세대상이 되는 증여
재산에는 수증자에게 귀속되는 재산으로서 금전으로 환가할
수 있는 경제적 가치가 있는 모든 물건과 재산적 가치가 있는
법률상 또는 사실상의 모든 권리를 말합니다.

다만 증여재산이라 하더라도 사회정책적 고려 또는 사회복
지 등 공익목적의 달성을 위하여 증여세를 과세하지 않는 것
도 있습니다.

국가 또는 지방자치단체로부터의 증여재산, 우리사주조합을
통하여 취득한 주식, 국가·지방자치단체·공공단체·사내노동복지
기금·신용보증기금이 증여받은 재산, 이재구호금품, 교육비, 학
자금, 부의금, 혼수용품 등이 비과세 증여재산으로 규정되어
있습니다(법 제46조).

5. 증여의 종류

① 신탁이익의 증여

신탁계약에 의하여 위탁자가 타인을 신탁의 이익의 전부 또는 일부를 받을 수익자로 지정한 경우에는 다음 각 호의 1에 규정하는 경우에 신탁의 이익을 받을 권리의 가액을 수익자에 대한 증여재산가액으로 합니다. 이 경우 수회로 분할하여 원본 및 수익을 받는 경우에는 대통령령이 정하는 방법에 의하여 증여재산가액을 계산합니다.

ㄱ. 원본의 이익을 받을 권리를 소유하게 한 경우에는 수익자가 원본을 받은 경우

ㄴ. 수익의 이익을 받을 권리를 소유하게 한 때에는 수익자가 그 수익을 받은 경우

수익자가 특정되지 않거나 존재하지 않을 경우에는 위탁자 또는 상속인을 그 수익자로 보고, 수익자가 특정되거나 존재하게 된 경우에 새로운 신탁이 있는 것으로 봅니다.

② 보험금의 증여

생명보험 또는 손해보험에 있어서 보험금수취인과 보험료불입자가 다른 경우에는 보험사고가 발생한 경우에 보험금상당액을 보험금수취인에 대한 증여재산가액으로 하며, 보험계약기간 안에 보험금수취인이 타인으로부터 재산을 증여받아 보험료를 불입한 경우에는 그 보험료불입액에 대한 보험금상당액에서 당해 보험료불입액을 차감한 가액을 보험금수취인에 대한 증여재산가액으로 봅니다.

불입한 보험료 중 보험금수취인이 불입한 금액이 있을 경우

에는 그 비율에 따라 증여가액을 산정하게 됩니다.

피상속인의 사망으로 인하여 지급받는 생명보험 또는 손해보험의 보험금으로서 피상속인이 보험계약자가 된 보험계약에 의하여 지급받는 것은 이를 상속재산으로 보는데, 이 경우에는 위 규정의 적용이 없습니다.

③ 저가양수·고가양도

타인으로부터 시가보다 낮은 가액으로 재산을 양수하거나 타인에게 시가보다 높은 가액으로 재산을 양도하는 경우에는 그 양수 또는 양도한 때에 양수자 또는 양도자가 그 대가와 시가와의 차액에 상당하는 금액을 증여재산가액으로 합니다(법 제35조 제1항 1호·2호).

여기서 낮은 가액 또는 높은 가액이라 함은 양수·양도한 재산(전환사채 및 거래된 상장주식 등 제외의 시가로부터 대가의 차액 또는 대가로부터 시가의 차액이 각 100분의 30 이상이거나 그 각 차액이 3억원 이상인 경우의 대가를 말합니다.

위의 규정을 적용하는데 있어서 특수관계에 있는 자 외의 자간에 재산을 양수 또는 양도한 경우에는 정당한 사유 없이 시가보다 현저히 낮은 가액 또는 현저히 높은 가액으로 재산을 양수 또는 양도한 경우에 한하여 그 대가와 시가와의 차액에 상당하는 금액을 증여한 것으로 추정하여 대통령령이 정하는 이익에 상당하는 금액을 그 이익을 얻은 자에 대한 증여재산가액으로 봅니다(법 제35조 제2항). 여기서 대통령령이 정하는 이익이란 다음 각호의 가액 중 적은 금액을 차감한 가액을 말합니다.

ㄱ. 시가에서 대가를 차감한 가액이 시가의 100분의 30 이

상이거나 대가에서 시가를 차감한 가액이 시가의 100분
의 30 이상인 경우에는 시가의 100분의 30에 상당하는
가액

ㄴ. 3억원

과세처분 이전에 매매대금의 증감이 있는 경우 저가양도 해
당 여부의 판단기준은 최종적으로 정하여진 매매대금을 기준
으로 합니다.

저가양도·고가양수에 따른 증여세과세는 증여자가 사업자인
경우 소득세법상 부당행위계산부인규정이 중복적으로 적용됨
에 따라 소득세와 증여세의 이중과세문제가 야기되는바, 이에
관하여는 중복과세를 할 수 없습니다.

④ 채무면제이익의 증여

채권자로부터 채무의 면제를 받거나 제3자로부터 채무의 인
수 또는 변제를 받은 경우에는 그 면제·인수 또는 변제로 인한
이익에 상당하는 금액(보상액의 지불이 있은 경우에는 그 보상
액을 차감한 금액)을 그 이익을 얻은 자의 증여재산가액으로
합니다(법 제36조).

채무면제가 증여세의 과세대상이 된다는 점에 대하여는 이
론이 있을 수 없고 세계 각국의 입법예에서도 채무면제이익은
예외 없이 증여세의 과세대상으로 규정하거나 과세대상으로
보고 있습니다.

⑤ 부동산무상사용에 따른 이익의 증여

자산의 무상대여는 통상의 임료 또는 이자가 발생할 시점에
서 보면 지급채무의 면제라는 경제적 이익의 부여에 해당하나
그 설정 당시를 기준으로 보면, 약정기간 내 또는 부정기간의

무상의 사용권이라는 법률상의 권리를 이전시키는 것으로 포착할 수 있고 법에서 말하는 증여의 정의에 합치된다고 할 수 있습니다.

특수관계에 있는 자의 부동산(당해 부동산 소유자와 함께 거주하는 주택과 그 부수토지를 제외)을 무상으로 사용함에 따라 대통령령이 정하는 이익을 얻은 경우에는 당해 이익에 상당하는 금액을 부동산무상사용자의 증여재산가액으로 봅니다(법 제37조 제1항).

위 규정은 특수관계에 있는 자의 토지 또는 건물만을 각각 무상사용하는 경우에도 이를 적용하고, 수인이 당해 부동산을 무상사용하는 경우에는, 1.당해부동산의 실지사용자, 2.실지사용자가 불분명한 경우에는 부동산 소유자와의 근친관계 및 당해 부동산 사용자들의 재산상태·소득·직업·연령 등을 고려할 때 실지사용자로 인정되는 자를 당해 무상사용자로 합니다(시행령 제27조 제1항).

위 부동산 무상사용에 따른 이익의 증여시기는 사실상 당해 부동산의 무상사용을 개시한 날로 하며, 이 경우 당해 부동산에 대한 무상사용기간이 5년을 초과하는 경우에는 그 무상사용을 개시한 날부터 5년이 되는 날의 다음 날에 새로이 당해 부동산의 무상사용을 개시한 것으로 봅니다.

부동산 무상사용이익은 부동산가액에 1년간의 부동산 사용료를 감안하여 기획재정부령이 정하는 율로 계산한 각 연도의 부동산 무상사용이익을 당해 부동산 무상사용기간을 감안하여 기획재정부령이 정하는 방법에 의하여 환산한 가액(1억원 이상인 경우)에 의합니다. 이 경우 부동산 무상사용기간은 5년으로 합니다.

⑥ 금전무상대출 등에 따른 이익의 증여

특수관계에 있는 자로부터 1억원 이상의 금전을 무상 또는 적정이율보다 낮은 이자율로 대출받은 경우에는 그 금전을 대출받은 날에 무상으로 대출받은 경우에는 대출금액에 적정이자율을 곱하여 계산한 금액·적정이율보다 낮은 이자율로 대부받은 경우에는 대출금액에 적정이자율을 곱하여 계산한 금액에서 실제 지급한 이자상당액을 차감한 금액을 당해 금전을 대출받은 자에 대한 증여재산가액으로 합니다.

대출기간이 정하여지지 않은 경우에는 그 대출기간을 1년으로 보고 대출기간이 1년 이상인 경우에는 1년이 되는 날의 다음 날에 매년 새로이 대출받은 것으로 보아 금액을 계산합니다.

⑦ 합병에 따른 이익의 증여

특수관계에 있는 법인이 합병함으로 인하여 소멸·흡수되는 법인 또는 신설·존속하는 법인(합병당사법인)의 주주(출자자 포함)로서 대통령령이 정하는 대주주(발행주식총수의 100분의 30 또는 가액 3억원 이상)가 합병으로 인하여 대통령령이 정하는 이익을 받은 경우에는 당해 합병일(합병등기일)에 당해 이익에 상당하는 금액을 그 이익을 얻은 자에 대한 증여재산가액으로 합니다(법 제38조 제1항).

위 규정은 대규모기업들이 일반당사자가 되어 특수관계 있는 법인(주로 불실법인)을 흡수합병하면서 불공정한 합병비율에 의하여 소액주주들의 주식가치를 희석시키면서 대주주들에게 이익을 안겨주는 것을 규제하기 위한 것입니다.

따라서 주권상장법인이나 협회등록법인이 다른 법인과 증권
거래법의 규정에 따라 행하는 합병은 그 공정성이 담보되므로
위 규정에서 제외됩니다.

⑧ 증자에 따른 이익의 증여

법인이 자본(출자액 포함)을 증가시키기 위하여 새로운 주식
또는 지분(신주)을 발행함에 따라 신주를 시가보다 낮은 가액
으로 발행하는 경우·신주를 시가보다 높은 가액으로 발행하는
경우와 이와 유사한 경우로서 신주 또는 실권주를 인수하거나
이수하지 않음으로써 특수관계에 있는 자로부터 직접 또는 간
접적으로 얻은 이익을 얻은 경우에는 당해 이익에 상당하는
금액을 이익을 얻은 자의 증여재산가액으로 합니다(법 제39조
제1항).

⑨ 감자에 따른 이익의 증여

법인이 자본을 감소시키기 위하여 주식 또는 지분을 소자함
에 있어서 일부 주주의 주식 또는 지분을 소각함으로 인하여
그와 특수관계에 있는 대주주가 이익을 얻은 경우에 그 이익
에 상당하는 금액을 당해 대주주의 증여재산가액으로 합니다
(법 제39조의2 제1항).

위 이익은 감자한 주식 1주당 평가액에서 주식소각시 지급
한 1주당 금액을 차감한 가액이 감자한 주식 1주당 평가액의
100분의 30 이상이거나 다음 산식[(감자한 주식 1주당 평가
액 - 주식소각시 지급한 1주당금액) × 총감자주식수 ×대주주
의 감자 후 지분비율 × 대주주와 특수관계에 있는 자의 감자
주식수/총감자주식수]에 의하여 계산한 금액이 3억원 이상인
경우입니다.

⑩ 현물출자에 따른 이익의 증여

현물출자에 의하여 법인이 발행한 주식 또는 지분을 인수함에 따라 주식등을 시가보다 낮은 가액으로 인수함에 따라 현물출자자가 얻은 이익·주식 등을 시가 보다 높은 가액으로 인수함에 따라 현물출자자와 특수관계에 있는 현물출자자 외의 주주 또는 출자자가 얻은 이익을 얻은 경우에는 당해 이익에 상당하는 금액을 그 이익을 얻은 자의 증여재산가액으로 합니다(법 제39조의3 제1항).

⑪ 전환사채 등의 주식전환 등에 따른 이익의 증여

전환사채, 신주인수권부사채(신주인수권증권이 분리된 경우에는 신주인수권증권을 말함), 기타 주식으로 전환·교환하거나 주식을 인수할 수 있는 권리가 부여된 사채(전환사채 등)를 인수·취득·양도하거나 전환사채 등에 의하여 주식으로의 전환·교환 또는 주식의 인수를 함으로써 이익을 얻은 경우에는 당해 이익에 상당하는 금액을 그 이익을 얻은 자의 증여재산가액으로 합니다(법 제40조 제1항).

⑫ 주식 또는 출자지분의 상장 등에 따른 이익의 증여

기업의 경영 등에 관하여 공개되지 않은 정보를 이용할 수 있는 지위에 있다고 인정되는 법 제22조 제2항의 규정에 의한 최대주주 또는 최대출자자·내국법인의 발행주식총수 도는 출자총액의 100분의 25 이상을 소유한 자로서 대통령령이 정하는 자와 특수관계에 있는 자가 최대주주 등으로부터 당해 법인의 주식 또는 출자지분을 증여받거나 유상으로 취득한 경우에는 증여받거나 취득한 날, 증여받은 재산(주식 등을 유상으로 취득한 날부터 소급하여 3년 이내에 최대주주 등으로부터 증여

받은 재산을 말함)으로 최대주주 등 외의 자로부터 당해 법인
의 주식 등을 취득한 경우에는 취득한 날부터 5년 이내에 당
해 주식 등이 「자본시장과 금융투자업에 관한 법률」에 따라
한국거래소에 상장됨에 따라 그 가액이 증가된 경우로서 당해
주식 등을 증여받거나 유상으로 취득한 자가 당초 증여세과세
가액 또는 취득가액을 초과하여 대통령령이 정하는 기준 이상
의 이익을 얻은 때에는 당해 이익에 상당하는 금액을 그 이익
을 얻은 자의 증여재산가액으로 합니다.

⑬ 합병에 따른 상장 등 이익의 증여

최대주주 등과 특수관계에 있는 자가 최대주주 등으로부터
당해 법인의 주식 등을 증여받거나 유상으로 취득한 경우 또
는 증여받은 재산으로 최대주주등외의 자로부터 당해 법인의
주식 등을 취득하거나 다른 법인의 주식 등을 취득한 경우로
서 그 주식 등의 증여일 등으로부터 5년 이내에 그 법인이나
다른 법인이 특수관계에 있는 주권상장법인 또는 협회등록법
인과 합병함에 따라 그 가액이 증가된 경우로서 당해 주식 등
을 증여받거나 유상으로 취득한 자가 당초 증여세과세가액 또
는 취득가액을 초과하여 대통령령이 정하는 기준 이상의 이익
을 얻은 경우에는 당해 이익에 상당하는 금액을 그 이익을 얻
은 자의 증여재산가액으로 합니다(법 제41조의5 제1항).

⑭ 특정법인과의 거래를 통한 이익의 증여

결손금이 있거나 휴업 또는 폐업 중인 법인(이하 특정법인)
의 주주 또는 출자자와 특수관계에 있는 자가 당해 특정법인
과 재산 또는 용역을 무상제공하는 거래·재산 또는 용역을 통
상적인 거래관행에 비추어 볼 때 현저히 낮은 대가로 양도 및

제공하는 거래·재산 및 용역을 통상적인 거래관행에 비추어 볼 때 현저히 높은 대가로 양도 및 제공받은 거래등에 해당하는 거래를 통하여 당해 특정법인의 주주 또는 출자자가 이익을 얻은 경우에는 그 이익에 상당하는 금액을 당해 특정법인의 주주 또는 출자자의 증여재산가액으로 합니다(법 제41조 제1항).

증여받은 것으로 보는 이익은 증여가액, 면제 등으로 인한 이익에 상당하는 금액, 시가와 대가와의 차액에 상당하는 금액 등으로 인하여 증가된 주식의 1주당 가액에 주식수를 곱하여 계산하되 결손법인의 경우에는 그 결손금을 한도로 합니다.

일반적으로 법인에 대한 증여는 법인의 익금을 구성하여 법인세의 과세대상이 되는데 결손법인 등의 경우에는 법인세를 부담하지 않는 점을 이용하여 과세의 부담없이 결손법인에 대한 증여를 통하여 증여자와 특수관계에 있는 결손법인의 대주주가 이익을 얻은 것을 증여세의 과세대상으로 정한 것입니다.

6. 증여의 추정

현행법이 포괄주의 증여세과세방식을 채택하였음에 따라 종전의제규정들은 모두 개별적 증여예시규정으로 전환되었으나, 종전에 추정규정으로 되어 있던 배우자 등에 대한 양도시의 증여추정규정과 재산취득자금의 증여추정규정 및 실질적인 의제규정이라 할 수 있는 명의신탁재산에 대한 증여의제규정은 현행법 아래에서도 별다른 내용의 수정 없이 그대로 추정규정 및 의제규정으로 존속하게 되었습니다.

① 배우자 등에 대한 양도시의 증여추정

배우자 또는 직계존비속에게 양도한 재산은 양도자가 당해 재산을 양도한 때에 그 재산의 가액을 배우자 등의 증여세과 세가액으로 추정합니다(법 제44조 제1항).

② 재산취득자금의 증여추정

직업, 연령, 소득 및 재산상태 등으로 보아 재산을 자력으로 취득하였다고 인정하기 어려운 경우로서 대통령령이 정하는 경우에는 당해 재산을 취득한 때에 당해 재산의 취득자금을 그 재산의 취득자의 증여재산가액으로 추정합니다(법 제45조 제1항).

③ 명의신탁재산에 대한 증여의제

권리의 이전이나 그 행사에 등기 등을 요하는 재산(토지와 건물을 제외)에 있어서 실제소유자와 그 명의자가 다른 경우에는 국세기본법 제14조의 규정에 불구하고 그 명의자로 등기들을 한 날(그 재산이 명의개서를 요하는 재산인 경우에는 소유권취득일이 속하는 연도의 다음 연도 말일의 다음날)에 그 재산의 가액을 명의자가 실제소유자로부터 증여받은 것으로 봅니다.

다만, 조세회피목적 없이 타인의 명의로 등기를 하거나 소유권을 취득한 실제소유자 명의로 명의개서를 하지 않은 경우, 주식 또는 출자지분 중 1997년 1월 1일 전에 신탁 또는 약정에 의하여 타인명의로 주주명부 또는 사원명부에 기재되어 있거나 명의개서되어 있는 주식 등에 대하여 1998년 12월 31일까지의 기간중 실제소유자명의로 전환한 경우등의 경우에는 증여받은 것으로 보지 않습니다(법 제45조의2 제1항).

7. 증여세 과세가액

증여세 과세가액이란 증여세가 과세되어야할 증여재산, 즉 증여세 과세물건의 가액을 말하고, 이는 증여일 현재 이 법의 규정에 의한 증여재산가액의 합계액에서 당해 증여재산에 담보된 채무로서 수증자가 인수한 금액을 차감한 금액으로 합니다. 여기에서 대통령령이 정하는 채무란 증여자가 당해 재산을 타인에게 임대한 경우의 당해 임대보증금을 말합니다.

증여세의 과세원인은 증여행위이므로 개개의 증여행위마다 별개의 과세요건을 구성합니다. 따라서 그 과세가액은 증여가 있을 때마다 그 증여행위별로 분리하여 계산함이 원칙입니다. 수인의 증여자가 동일한 수증자에게 동시에 증여를 하더라도 증여행위는 당사자별로 각각이므로 증여자별로 분리하여 과세가액을 산출하여야 합니다. 이러한 분리과세의 원칙에 대한 예외가 같은 당사자 사이에 수차 증여가 있는 경우, 이른바 재차 증여에 있어서의 합산과세입니다.

8. 공익목적의 증여

상속세에 있어 공익사업 출연재산과 공익신탁재산을 과세가액 불산입재산으로 규정하고 있는 것과 마찬가지로 증여세에서도 부의 사회환원을 촉진하고 개인의 출연재산에 의한 공익목적의 달성을 위한 사회정책적 이유에서 같은 취지의 규정을 두고 있습니다(법 제48조·제52조).

다만 공익사업을 앞세워 공익법인을 지주회사화 하는 변칙적인 방법으로 증여세나 상속세를 잠탈하는 것을 방지하기 위하여 과세가액 불산입의 조건을 제한함과 동시에 출연재산에 대한 비교적 엄격한 사후관리규정을 두고 이에 저촉되는 상황이 발생하면 곧바로 증여세를 부과하도록 하고 있습니다. 말하자면 공익목적 출연재산에 대한 과세가액 불산입은 실질적으로 일종의 조건부 불산입이라 할 수 있습니다.

9. 장애인의 증여

대통령령이 정하는 장애인이 그의 직계존비속과 대통령령이 정하는 친족으로부터 재산을 증여받은 경우에, 당해 장애인이 생존기간 동안 증여받은 재산가액 합계액 5억원 범위 내에서, ①증여받은 재산의 전부가 「자본시장과 금융투자업에 관한 법률」에 의한 신탁회사에 신탁되고, ②당해 장애인이 신탁이익의 전부를 받는 수익자이며, ③신탁기간이 당해 장애인이 사망할 때까지로 되어 있을 경우에 그 증여재산의 가액은 증여세 과세가액에 산입하지 않습니다(법 제52조의2 제1항). 다만, 부득이한 사유없이 신탁을 해지하거나 생존 중 신탁기간이 만료되고 이를 연장하지 않는 경우, 신탁이익의 전부 또는 일부가 장애인 외의 자에게 귀속되는 것으로 확인된 경우 등에 해당하면 대통령령이 정하는 날에 해당 재산가액을 증여받은 것으로 보아 즉시 증여세를 부과합니다.

10. 증여세의 과세표준

증여세의 과세표준은

① 법 제45조의2 규정에 의한 명의신탁재산의 증여의제에 있어서는 당해 명의신탁재산의 금액

② 합산배제증여재산에 있어서는 당해 증여재산의 가액에서 3천만원을 공제한 금액

③ 위의 경우외에 법 제47조 제1항의 규정에 의한 증여세과세가액에서 제53조 및 제54조의 규정에 의한 금액을 차감한 금액

에서 대통령령이 정하는 증여재산의 감정평가수수료를 차감한 금액으로 합니다(법 제55조 제1항).

대통령령이 정하는 감정평가수수료의 내용은 상속세에 있어서와 같습니다.

증여세의 과세표준 역시 과세가액과 마찬가지로 재차증여 등 합산과세할 특별한 경우가 아닌 한 증여행위별, 증여자별로 분리하여 산정합니다. 산정된 과세표준 금액이 50만원 미만일 때에는 증여세를 부과하지 않습니다.

11. 증여세의 신고·납부 등

증여세의 신고와 납부, 과세표준과 세액의 결정 및 결정통지, 연부연납·물납 등 납세의무의 완화 등은 상속세와 같습니다.

다만, 과세표준 신고기한이 종전에는 상속세와 증여세 모두 6개월로 되어 있었으나 1996년 개정으로 증여세의 신고기한은 3월로 단축되었습니다. 이는 증여가 증여자가 증여의사를 가지고 재산을 무상이전 시키는 것이므로 신고가 지체될 여지

가 적다는 점을 감안한 것입니다.

신간·개정판 안내(법문북스·법률미디어)

책 명	저 자	정 가
1. 수사형사조사총서 제1권 형법	김 정 수	150,000
2. 수사형사조사총서 제2권 형사특별법	김 정 수	150,000
3. 도산법 실제와 법리	김 영 한	90,000
4. 사이버수사 형벌총서	김창범·고홍남	160,000
5. 법률학 대사전	이 병 태	180,000
6. 수사해법과 형벌사례연구	이 창 현	140,000
7. 형벌법요설과 수사기술	김 정 수	68,000
8. 조세의 정의와 실무이론	생활법률연구원	70,000
9. 자동차사고로 인한 손해배상의 책임과 보상	박 영 민	30,000
10. 형벌형법의 실제와 정해	이 상 범	140,000
11. 형벌형사특별법의 실제와 정해	이 상 범	140,000
12. 부동산제문제와 법률적 연구	대한부동산법률문제연구회	85,000
13. 민사소송실제와 법원유해(전2권)	김 만 길	340,000
14. 상거래시 수표·어음의 법률적 문제와 이해	김 창 범	65,000
15. 민사소송실제와 법원유해(전2권)	김 만 길	340,000
16. 채권 총론·각론의 조문분석과 법리	이 기 옥	85,000
17. 형사특별법 형벌문제분석과 조사기법	김 정 수	130,000
18. 형법 형사문제문제분석과 조사기법	김 정 수	130,000
19. 형벌의 이해와 실제연구	김 창 범	80,000
20. 법률학지식입문대사전	이 상 범 외	160,000
21. 실용법인등기요설	김 만 길	160,000
22. 토지건물소송과 법원처리절차	김 용 한	160,000
23. 가사(가족관계)소송과 실무정해	박 근 영 외	160,000
24. 민법주석대전(전3권)	경 수 근 외	450,000
25. 민사소송집행실무이론절차(전4권)	김 만 길 외	560,000
26. 법률종합서식	오 시 영 외	150,000
27. 최신계약실무이론총서(전2권)	박 종 혼 외	320,000
28. 민사집행·경매 실무이론	이 재 천	140,000
29. 법률학사전	이 병 태	180,000
30. 채무자 회생 파산 분석 요해	이 상 범	160,000
31. 가압류가처분경매총서	김 만 길 외	320,000
32. 법인등기실무이론	김 용 환 외	160,000
33. 법률법원규정특별연구(전2권)	이 상 범	320,000

◨ 편 저 이 상 범 ◧

- ■전 각급 법원 민사가사형사 참여사무관
- □전 서울고등법원 종합민원접수실장
- ■전 서울중앙지방법원 민사신청과장
- □전 서울가정법원 가사과장
- ■전 인천가정법원 본원 집행관
- □전 서울지방법원 민사조정위원

유언 · 상속 대처방법과 정설	定價 18,000원

2013年 5月 10日 1판 인쇄
2013年 5月 15日 1판 발행
　편 저 : 이 상 범
　발행인 : 김 현 호
　발행처 : 법문 북스
　공급처 : 법률미디어

152-050
서울 구로구 구로동 636-62
TEL : 2636-2911~3, FAX : 2636~3012
등록 : 1979년 8월 27일 제5-22호
Home : www.lawbooks.co.kr

ISBN 978-89-7535-259-1 13360
파본은 교환해 드립니다.
본서의 무단 전재 · 복제행위는 저작권법에 의거, 3년 이하의
징역 또는 3,000만원 이하의 벌금에 처해집니다.